BUILD-ING

誠文堂新光社

新しい空間と社会のデザインがわかる

ビルディングタイプ学入門

中村陽一／髙宮知数／五十嵐太郎／槻橋修

TYPE

新しい空間と社会のデザインがわかる
ビルディングタイプ学入門

刊行にあたって

　これは、社会デザインと空間デザイン両方の視点からビルディングタイプを語るおそらく初めての本です。

　立教大学社会デザイン研究所では、2018年度から、ダイワハウス工業株式会社寄付講座として、「文化の居場所を考える ——21世紀の文化の容れ物 変容するビルディングタイプ」に取り組んできました。そのプログラムの考察を体系的にまとめたものが、本書「新しい空間と社会のデザインがわかる ビルディングタイプ学入門」です。

　ビルディングタイプという言葉は、建築を学んだことのない人にはあまりなじみがない言葉かもしれません。詳しい説明は本論に譲るとして、ここではまず、オフィスや学校、美術館のように建物をその用途から見た分類くらいに思ってもらえれば良いですが、なぜこれまで主として建築の領域で展開され知の蓄積もなされてきた、ビルディングタイプを社会デザインの立場からも考えようとするのでしょうか。それは私たちが社会デザインに取り組むきっかけと同様、21世紀の新しい課題・問題を解決するのには、既存の枠組みからでは難しく、新しい視点の必要性があると考えるからです。

　ビルディングタイプについての初期の考察には、城郭や記念碑といったものも登場していましたが、現在では、学校、図書館、博物館美術館、公共ホールなど様々な公共施設が多くを占めるようになっ

ています。それは、産業革命以降、大規模工場での大量生産／大都市生活者による大量消費が常態化し、社会や産業や生活のあり方が大きく変化したことによるものですが、同様の大きな変化が現在まさに起きています。産業革命以降多くの工場が都市に立地し、都市そのものもより巨大化していきましたが、1970年代以降、東京を始め大都市中心部から大規模工場は姿を消してしまいました。また、その工場を支えるために地方から移り住んだ人々によって誕生した夫婦と子ども二人のいわゆる標準世帯も今では少数となり一人暮らし世帯が一番多くなっています。標準世帯や標準的なオフィスや工場、教養娯楽施設が存在しそれらに機能最適な建築的仕様が典型的な20世紀のビルディングタイプだとしたら、その工業化社会時代のビルディングタイプでは、変容する現代社会の家族や働き方に対応することが困難になってきているわけです。

　つまり、近代化から20世紀のある時期までは社会の容れ物としてまた都市の部品として建築があり、それに公共施設と社会制度がある程度対応していたのが、人口増加再減少や関係性の変化や複雑化、ICTを典型とする大きな技術の発達の中で、より良い社会にしていくのには、都市、建築のシステムをどう上手く活用していくかビルディングタイプを考え直し、取り組む必要があるわけです。すでにその試みとして、リノベーション／コンバージョンによる再生や、複合公共施設のようなものが増殖してきています。ただ、その中には早くも表層的な差異化とブランディングに陥っているものも

見られます。

　もちろん、今までにないまったく新しいビルディングタイプを生み出すことが絶対であったり、そのような最適解がすぐさま見い出せたりするわけではないでしょうが、社会デザインにおいても、ソーシャルエンジニアリングとソーシャルアーツがあり、両方をあわせながら、解決を進めなければいけないのと同様、建物（ビルディングタイプ）においても関係性の編み直し、技術、デザイン、アートなどの必要性があると思います。

　その意味で、社会デザインからビルディングタイプを考えること、空間デザインと社会デザインの双方から考えていくことが、現代社会において人々の「幸福」ということの実現、21世紀に求められる社会デザインへの手がかりとしても重要なのでは、と考えます。

　最後に、本プログラムの実現に多大なるご支援を賜った大和ハウス工業株式会社に、あらためて深い謝意を表するものです。

新しい空間と社会のデザインがわかる ビルディングタイプ学入門
編者一同

目次

社会デザインの眼で見つめ直す
ビルディングタイプ

中村陽一

はじめに

　40年近く試行錯誤してきたことがある。キーワード風にいえば「つながり」とか「関係性」、これまで積極的に関わってきた事柄でいえば、「ネットワーキング」「社会デザイン（ソーシャルデザイン）」「コミュニティデザイン」といったことだ。

　また、それらが展開される場のありようについても筆者は考え続けてきた。そこでは、クロスセクター、クロスジェネレーションなどによる越境型の学びと実践が鍵になるといえるだろう。いまどの企業においても、どこの自治体においても、多かれ少なかれ言及されるようになったダイバーシティと（ソーシャル・）インクルージョンといった政策目標も、それなしでの実現は考えられない。

　近年、これらの課題群はぐっと互いの距離を縮めている。まだ混沌としているとはいえ、それだけに、各所で面白く大事な試みも始まっている。

　本書がめざす「ビルディングタイプ学入門」はそうした歴史的・社会的背景のもとで、これまでの建築学、計画学とは異なる社会デザインという視点からビルディングタイプを見つめ直してみようという挑戦の試みである。いいかえれば、新たな「ものの見方、考え方」としての社会デザインを通して、空間デザインとビルディングタイプのパラダイムシフトないしパラダイムチェンジをはかろうとするものともいえる。

時代と社会の背景のなかで〜社会デザインへの招待

　まず最初に、あらためて時代と社会の背景を概観してみよう。

　21世紀に入り、環境や地域紛争など前世紀からの宿題に加えて、新しい形の貧困や社会的排除（social exclusion）が世界と日本の大きな課題となっている。その解決のため、政府行政・企業・NGO/NPOなどの組織はそれぞれどのような役割を担うのか。また、セクターの垣根を越えた「協働」は、どこまでの有効性と可能性を期待できるのか。異なる価値観を持つ人々が共生していくための知恵や仕かけとしての社会と、そこでの人々の参加・参画の仕方を、これまでの常識にとらわれず、根底的という意味でラディカルに革新（イノベーション）していくことが、あらためて求められている。そうした思考と実践のありようを、筆者は「社会デザイン」と呼んできた。

　そもそもデザインとは、日本において考えられてきたような製品やサービスの単なる設計や絵を描くことに留まるものではない。それは、先に述べた社会の仕かけを大胆に組み替えていくことであり、「いまここではないどこかと、まだここにはないなにものか」（後述のソーシャル・アートとしての展開）を求め続ける一連のプロセスでもある。まだ十分に可視化されてはいないものの、それは、確かに存在感を強めているネットワーキングとかリゾーム状といったイメージと深く結びつくと同時に、「市民社会」の創造という長年の「宿題」とあらためて向き合う問いでもある。それは、個々人のwell-beingとしての幸福を実現するため、人と人、人と地域や組織などとの関係性を調整する実践ともいえる。

　筆者は、これまでこうした社会デザインをめぐる「鳥の眼」にこだわり続けるとともに、他方、非営利・公共分野と関わる社会的な活動諸組織の運営・経営人材を輩出するため、NGO/NPO・リスクガバナンス・ネットワークはもとより、コミュニティデザイン、さらにはCSR/CSVやソーシャルビジネス（コミュニティビジネス、社会的

企業）など事業性豊かな領域に及ぶ具体的課題へのアプローチを通じた「虫の眼」にもこだわり、国内外の多様なネットワークを活かした実践の展開を期してきた。

　「まちづくり」のちょっといいアイデアやスキルに留まることなく、課題の解決へ向け、変革を現実　のものにしていく粘り強いプロセスを歩むこと、そのための理論的・構造的な探究はもとより、現場と往復し、当事者性と内発性をそなえた実践を重視したいと考えてきたわけである。他者（の生活）と出会い、交信し、関係性を活かし編み直す中で当事者性にも出くわす。そんな更新作業（対象化）の連続はダイアログとしてのデザインであり、デザインをデザインし直すことにつながるだろう。

　いうまでもなく、そうした営為の根底にあるものは、地域や生活といった足元、根元からの人びとの営みである。夢を現実のものにしたいと格闘する人たちが、「後戻りできない市民」として、多様な経験を「継承」しつつ担ってきた歴史をふまえ、新たな方法論と表現を獲得していくことこそ、社会を構成する一員としての諸組織の社会的責任＝社会の変化に応答し、反応する能力（response＋ability＝responsibility）であるはずだと思っている。

　折しも日本の社会は、人口減少・少子超高齢社会へという流れのなかで人口動態の大きな変化の只中にあり、地方都市の縮小という現象がやがて中規模以上の都市にも及んで来ることが予想されている。これに従来の発想の延長線上で広域的な統合やハードインフラの再構築で臨むのか、あるいは、それとは異なるソフトインフラの整備などオルタナティブな選択を考えるのか、もちろん、一律に論じられることではないものの、少なくとも、たとえば、「小規模多機能自治」[1]のようなフレームの組み換えの提唱へのまなざしが不可欠になってくるだろう。

ブルー・オーシャンとコレクティブ・インパクトの相互乗り入れ

　しかし、フレームの根本的な組み換えといっても、昨日までとは全く異なることにいきなり取り組み出すということではない。ただ、2つの意味で、やはり見直しは重要である。ひとつは、既存のフレームからは生まれてこない部分（とりあえず全体のおよそ1割程度）、ここにこそ現代社会の変化の中で求められるイノベーションの芽があるという意味で、もうひとつは、残り9割の部分についての考え方、アプローチの仕方、プロセスの踏み方などにもまたイノベーションが求められるという意味においてである。社会デザインの眼でビルディングタイプを見つめ直してみようという意図の意味合いもここにある。

　多少の乱暴を承知で、そこで求められる点を考えるなら、上述した1割の部分、いわばブルー・オーシャンを創造できたか、あるいは、残り9割の部分で、それまでとは異なるコレクティブ・インパクトをもたらすような進め方ができたか、またはその両方ではないだろうか。

　やや説明的になることをお許しいただき、補足しよう。

　まず、ブルー・オーシャンとは、競合の激しい既存市場（レッド・オーシャン）ではなく、競争のない未開拓市場のことである。といっても、無から有を創り出す類のことではなく、簡単にいえば、やらないこと（減らすこと）とやること（付加すること）をはっきりさせることによって、オルタナティブな事業を創造することといってよい。[2] それは、これまでの「常識」にとらわれることなく、本当に必要なことは何なのかを率直（愚直？）に考えるところから生まれる。

　たとえば、既に、地域再生分野であまりにも有名となった例だが、岩手県紫波町のオガールプロジェクト（オガールプラザ）の場合、公共施設は税金や補助金によって建てられるべきものであるといっ

た従来の「常識」を抜け出て、公共施設を成功に導くには民間から
の資金調達が可能な建て方を採るという発想の転換があった。税・
補助金による予算に合わせて施設とその中身を考えるのではなく、
現実的な採算計画と資金額に見合った柔軟な計画策定を行ったわけ
である。その結果、従来にはない公共施設の建設が可能になった。

　実はオガールプラザの場合、コレクティブ・インパクトの側面か
らも顕著な特徴がある。それは、塩漬け同然で雪捨て場だった土地
に、上記の通り、民間資金を用いて、カフェやマルシェ（市場）、子
育て支援施設、図書館、運動場、ホテル、さらには先進的なエコ住
宅の分譲までを行うというプロジェクトを構築したことである。公
共性と集客性を兼ね備える図書館は無償で開放しつつ、来館者が訪
れるカフェやクリニックや生鮮食品の販売をする民間テナントから
家賃や管理費を集めて、そこで稼ごうと考えたことにより、「企業
やNPO、行政など立場の異なる組織が、個々の強みを活かし、協働
して社会的課題を解決しようとするアプローチ」[3]としてのコレク
ティブ・インパクトをもたらした。[4]

　この例に顕著なように、ブルー・オーシャンの開拓とコレクティ
ブ・インパクトの実現とは別々のものではなく、実は根底で結びつ
き、相互乗り入れ可能なものである。ただ、付言するなら、ブ
ルー・オーシャンもコレクティブ・インパクトも共に一度創造に成
功したら未来永劫保証されるといったものではない（オガールプラザ
も当然そうである）。そこから、新たな課題を見出し、次なる展開に
結び付けていくことこそ、大切だともいえる。

ソーシャルデザイン、
コミュニティデザインの方法と歴史

　では、どのような実践が必要なのか。アンドリュー・シーによる
簡潔な整理[5]には「デザインがコミュニティのものとなるようにす
る」という項目が挙げられている。私見と経験を交えて敷衍するな

ら、それは、プロセスから共にコミュニティと歩んでいくことで、デザインをコミュニティのものにすること（〜のために [for] ではなく、〜とともに [with]）。著名なデザイナーによる「作品」ではなく、普段の機能や使い勝手をしっかりと組み込んだデザインをすることといえる。建物としてのデザインも、「コミュニティのものとなるように」ということが一番大事なのだ。

　これは「戦略とケーススタディと物語」ともいえる。戦略を持って活動し、その地域ごとのケーススタディを深め、そこにあるストーリーを構築していく。コミュニティにはデザイン上の課題が必ずある。課題が見えてくると、解決のために必要なコミュニティ、さらにはステークホルダーとの協働戦略が必要になってくる。それをどのような設計で進めていくのか、そのデザイン戦略と、ある種の仮説的なストーリーの検証を進めることによって、何らかの成果が出てくる。しかしここでも、全てが成果として出てくるのではなく、課題や教訓が提示される。この循環をつくるような方向性が大事なのだ。たとえば、コミュニティデザインの歴史は、そのことを教えてくれる。

　すでに指摘されているように、1960年代〜70年代の日本において、コミュニティデザインとは、特定の地区の物理的な空間にどのような施設や住宅や道路を、どのように計画的に配置するかの技法であった。つまり、高度経済成長のなかでの急速な都市化と人口集中、郊外の大規模な形成、そして徐々に明らかになってきた生活環境の悪化や、人と人とのつながりの希薄化といった「都市問題」にハード主体で対応しようとするものであったといえる。

　そこでの担い手は、当然のように政府行政と専門家であり、多くの人々もまた、そこに（意見表明はしても）課題解決は任せるという意識のありようが主流だった。公共とは政府行政と専門家が独占するものと考えられていた時代のコミュニティデザインだったわけである。

　しかし、急激な社会変動は、一方でコミュニティの変容を、他方で人々の意識の変容を大規模に推し進め、ハード主体のコミュニティデザインだけでは有効ではないという事実が明らかになってい

く。伝統的な地縁社会としてのコミュニティは大きく変化し（一般には衰退や崩壊といわれた）、個人の自由やプライバシーを優先する意識が拡大するが、同時に、地域コミュニティにおける人と人との関係性の衰弱による孤立感や無力感の増大という事態が現実には進行した。また、東京など大都市への人口集中の一方で、地方の集落の過疎といった問題も顕在化する。この時代、反公害闘争や石油コンビナート・新幹線・高速道路などの建設反対運動など、地域主体のありようや公共性を問う住民運動が激しく展開された地域が存在したことは忘れるべきではないだろう。

この頃から80年代にかけて進められた「コミュニティ行政」は、いまからみると、コミュニティデザインの過渡期を象徴しているかもしれない。周知のように、その契機をなしたのは、国民生活審議会調査部会コミュニティ問題小委員会の報告「コミュニティ──生活の場における人間性の回復」だった。そこには、自立した個人と近代的な家族を主体とし、そのような市民の自発的な参加にもとづく開放的で信頼感のあるコミュニティ形成という理想主義が盛り込まれ、新しい市民主体の台頭が期待されていた。

これは自治省（当時）の「モデル・コミュニティ施策」の展開へとつながり、各地の自治体でコミュニティ行政が推進されることとなるが、建設されたコミュニティセンターなど地域集会施設を利用して新住民層がテーマ・コミュニティ的な市民活動を展開していく一方で、自治会・町内会など地縁型組織が施設の運営管理を行う構図が展開し、理想主義的なコミュニティ形成には至らなかった。依然、住民・市民主体のコミュニティデザインではなく行政主導であり、住民・市民間の協働もあまり実現していなかった。

しかし、80年代後半から、コミュニティレベルでもネットワーキングへの関心が高まり、福祉・環境保全・まちづくり・国際協力など、地域の人々の自発的な諸活動は、新しい形で注目を集めるようになる。そうした生活の場からのボランタリーな市民活動は、問題点の指摘や告発、あるいは反対運動に留まらず、「ではどうすれば

良いのか」「そのためにどのような構想、政策、それを実現する手段やプロセスが必要なのか」という点を、実際の活動を通じて身をもって提案するとともに、目指す状況を自ら創り出そうとするところに新しい特徴があった。

この新しい市民活動は、90年代〜21世紀のNPO/NGOを含む住民・市民の多様な諸活動となり、あらゆる面で自らの革新を求められている政府行政、地域社会と消費社会の大幅な変動への対応を迫られる民間企業との協働へと展開していく。コミュニティデザインは、新たな公共の枠組みを模索する動きともつながっていった。

こうした流れとともに、海外でのコミュニティデベロップメントやコミュニティエンパワメントの動きが紹介されるようになる。例えば、米国のCDC（コミュニティ開発法人）が進める事業とそれを支えるインターミディアリー、それら全体の仕組みに関して、多くの紹介や調査がなされていく。都市における広場や公園といった公共空間のデザインとしてのランドスケープデザインからコミュニティデザインへと関心と活動の幅を広げる動きも出てきた。

技芸としてのソーシャル・エンジニアリングと
ソーシャル・アートという切り口とともに

最後に、社会デザインの眼でビルディングタイプを見つめ直すことにもつながるひとつの試論として、社会デザインをソーシャル・エンジニアリングとソーシャル・アートという2つの側面でとらえてみたい。[6]

ソーシャル・エンジニアリングはかつて社会工学と訳されていたことからもわかるように、社会デザインのやや理工学寄りの側面と考えることができる。また、時代により、種々のイデオロギー的な色合いももたされてきた過去があるため、用語使用に慎重さも求められるであろう。ただ、社会デザインに必ず含まれる側面といって良いし、そのことは、AIやIoT、ICTといった「バズワード」を引き合いに出すまでもなく、現代社会では不可欠な側面でもある。

他方、ソーシャル・アートにもやや固定した使用例（例えばSEA：Socially Engaged Art）が見られるため、こちらも慎重さが求められはする。ここでは、既存のフレームの基礎をなすような「科学的」「合理的」なものの見方・考え方の基準を、どこかで、何かしら超え出た発想をもつものとして広くとらえることとしたい。もちろん、その「超え出方」によって、未来の可能性が拓ける場合もあれば、逆に社会的なリスクを発生させたり拡大したりする場合もあることには自覚的でなければならない。

　筆者のやや強引な捉え方では、以下、本書の各章で展開される議論は、この二側面を行きつ戻りつしながら、新しい空間と社会のデザインとして、ビルディングタイプ学を深化させようとするものである。

　関係性「を」外からデザインするのではなく、関係性「が」内からデザインされることを前提に、地域で人と人との関係性を醸成し、それをまた地域にフィードバックしながら事を進めるということ。大都市であっても、離島であっても基本原則は同じだと言える。地域には地域固有の自然環境があり、積み重ねられてきた歴史があり、その中で生まれた地域の文化や作法がある。それらを無視しての固定した枠組み・観念での出し物や形式的な市民参加ではなく、地域の関係性がデザインする動き＝新しい関係性を創造することが肝要である。

　重要な変革は「はみ出し者」から始まることが多いという指摘[7]を待つまでもなく、感情や身体性を欠いた机上の計画からイノベーションは生まれにくい。それは、いくらPDCAサイクルを回せと叫んでみたところで、コストとリスクを過剰に意識して、planという名の既定の枠組みに合わせた作文しか出てこないのが関の山であるように、既存の可視的要素しか見ようとしない狭義の「サイエンス」から創発性は生まれないということである。[8]

　社会には遵守すべき法や制度がもちろんあるが、まずactionから始め、外部の異なる価値観と出会う越境型の学習を通しての対話と協働との両立は可能な時代となっているはずである。

おわりに〜関係性を活かすワーク、編み直すワーク

　見てきたように、社会デザインにあたっては「関係性」が重要になるが、それが壊れるのが、災害、貧困、障害、認知症、差別、人権などの「社会的排除」だ。いわゆる先進社会に共通して「合法的に」排除されているという例が数多く見られるのが現代の特徴でもある。日本もまた例外ではない。それに対応して「社会包摂」ということばがキーワードとなっているように、コミュニティデザインのなかでも大切になってくるのは、この関係性を活かすワーク、編み直すワークとしての社会デザインだ。領域を横断し、越境し、境界を超える新しい仕掛けと組み合わせが出ることで、これまでになかった質が創発するための起爆剤になることを願う。そうした兆しはすでに現れている。

　日本三大寄場の一つ、釜ヶ崎を含みこむ大阪・西成の商店街（動物園前一番街）にあるココルームは、10代の頃から「ニューウェーブ詩人」として知られ、現在は天王寺の應典院（檀家なし、葬式なし、地域の教育文化振興に特化した劇場型の地域ネットワーク寺院）とも協働する上田假奈代さんが代表を務めるNPO「こえとことばとこころの部屋」が運営するサードプレイスであり、アートと社会の接続点、人々のつながりをつくる場所を目指している。小さな拠点にはアーティスト、アクティビスト、高齢者、働く人、子ども、旅人等々、世代も職業も多様な人たちが集い、情報交換の場所、発信の拠点として、コミュニティの拠点となっており、最近では「釜ヶ崎芸術大学」の活動が注目されている。

　こうしたワークは、従来型の成長経済、市場経済のみを前提とする地点からは描きにくいタイプの展望を提起しようとしている。まだ途上とはいえ、日本の社会にクロスセクター、クロスジェネレーションの実践を形成するソーシャル・アートの試みは既に始まっているといえる。

本書の構成

　本書は、4名の編著者による「刊行にあたって」および本章で述べ

たような視点から、（建築）計画学を学ぶ建築初学者はもちろん、時代と社会の変化の中で、様々な立場から建築に関心をもつようになった読者へ向けて、建築の目的や機能から構成した7つの章と2つのインタビュー（ビルディングタイプの学び方と使い方、ビルディングタイプの変容）、そしてビルディングタイプの実際の学びの現場からの声や関連テーマによるコラムを主たる内容として構成されている。また、巻末では、本書に続いて刊行を準備している「次巻」へ向けて、「21.5世紀のビルディングタイプ」の展望にふれた。

　各分野の専門家でもある執筆陣が人文・社会科学の視点で読み解いた建築学の入門書として、さらには、AI時代の到来や働き方、人口動態などのドラスティックともいえる変化の只中にあって問題解決に向けた思考力を鍛え上げるための探究の書として、少しでも読者に迎えられるものとなっていれば、編者・執筆者としては望外の喜びである。同時に、いうまでもなく、本書はまだまだチャレンジの書でもあり、読者諸賢からの多様なご意見によって、この分野でのさらなるレベルアップにつなげることができればとも考えている。

1＝川北秀人が、地域自治組織の先進地である島根県雲南市の地域自主組織制度を、2006年の立ち上げ当初から支援するなかで提唱してきた概念。小規模ながらも様々な機能をもった住民自治の仕組みのことで、概ね小学校区において、目的型組織や地縁型組織などが結集して、地域課題を自ら解決し、地域運営を行う。そこでいわれる「総働」は、コレクティブ・インパクトの考え方に近い協働ではないかと筆者は考える。雲南市などの呼びかけにより2015年に設立された「小規模多機能自治推進ネットワーク会議」には、現在200以上の自治体が参加し、農山漁村部だけでなく、今後は都市部でも急速に進む高齢化や人口減少に備えた住民自治や地域経営のあり方を学んでいる。
2＝ブルー・オーシャン（戦略）に関しては、W・チャン・キム＆レネ・モボルニュ『ブルー・オーシャン戦略』2005=2005、ランダムハウス講談社（のち2015年にダイヤモンド社より新版）参照。
3＝『DIAMOND Harvard Business Review』2019年2月号（特集「CSV実現に欠かせないコレクティブ・インパクト」）などを参照のこと。
4＝オガールプラザについては、木下斉の仕事に多くを負っている。木下『地方創生大全』東洋経済新報社、2016年など参照。また、木下も中心の一人となっている一般社団法人公民連携事業機構のサイトなども参照。
5＝『グラフィックデザインで世界を変える（原題 "Designing for Social Change"）』BNN、2013年
6＝社会デザイン論としては、この二側面の中間にソーシャル・テクノロジーを置くことができる。また、既に見えている社会とまだ見ぬ社会の二側面を交差させることによって設定できる4つの象限から議論を深彫りする構想を筆者は持っているが、それについては、いま準備中の拙著『野生の社会デザイン学（仮題）』で述べることにしたい。
7＝河北秀也『河北秀也のデザイン原論』新曜社、1989年
8＝経営においても実践と芸術的要素・右脳的要素を重視する経営学者ヘンリー・ミンツバーグの一連の仕事を参照。

1

ビルディングタイプ
BUILDING TYPE

五十嵐太郎

ビルディングタイプの解剖学

　ビルディングタイプとは、建物の種類である。もっとも、形態や様式、時代や地域による分類ではなく、図書館やオフィスという風に、どのような用途なのかを軸にして分けたものを意味している。また建築の使われ方を考える際、しばしばプログラムという言葉も用いるが、これは建物の用途全体を指すというよりも、公共施設ならば、集会所や談話室、あるいは住宅ならば、リビングや子供部屋といった部分の使われ方を意味することが多い。そしてプログラムの組み合わせを考える場合によく使われる言葉である。建築学は、一般的に日本では工学部に所属しているが、実に幅広い領域をカバーしており、デザイン、計画、歴史、構造、環境、材料など、様々な分野を包括している。そして社会との関わりが特に大きいのが、学校や病院における部屋の効果的な配置を考える計画学であり、ビルディングタイプという切り口になるだろう。例えば、なぜ美術館という施設があるのかを考えると、それは美術館をつくる制度、すなわち法的に定められた社会の約束事がすでに整備されているからである。したがって、公立の美術館や国立の美術館が存在する。つまり、公的なビルディングタイプは、施設＝制度として規定されている。だが、公立美術館も最初からあるわけではない。それがない時代には、王侯や貴族など、個人のコレクションを陳列するプライベートな空間は存在し、限られた人だけがアクセスできるものだった。もちろん、オフィスやショッピングモールのように、公的ではないビルディングタイプもある。とはいえ、これらも社会の要請によって出現したものであり、法規によっても一定の制限を受けており、社会と無関係に存在しているわけではない。

　以前、筆者は『ビルディングタイプの解剖学』（王国社、2002年）という本を、大川信行との共著で出版したことがある。章立てを見ていくと、教会をのぞくと、学校、倉庫、工場、監獄、病院など、主に近代社会において発達した施設をメインに取り上げたものだ。本書

の冒頭において、近代社会を批評的に捉えたチャールズ・チャップリンの映画『モダン・タイムス』(1936年)をビルディングタイプの視点から読み解いたが、ここでもう一度、紹介しよう。なぜなら、工場、病院、監獄、百貨店などが舞台として登場するからだ。最初は工場で働いているチャップリンが、機械仕掛けの流れ作業の中でだんだん動きがおかしくなってしまう。次に精神を病んだ彼は、病院に連れていかれる。そして退院後は無実の罪によって、刑務所の世話になり、ここでも規律化した反復運動を強制される。出所後、チャップリンは幸い、百貨店で職を得るのだが、クビになって、再び工場で働くところで物語が振り出しに戻る。

　ビルディングタイプは社会を構成する要素でもある。この映画に沿って、説明を加えると、産業革命によって登場した工場は、商品を大量生産し、そこで働く労働者も機械の歯車のひとつになって、流れ作業と同期することが強制されるだろう。一方で、病院や監獄は身体の調子が悪くなった人間を治癒、もしくは犯罪者を矯正することで、再び社会で生活し、働くことができるように送り返すための施設である。また百貨店は、購買者の欲望を駆り立て、商品を売る場所だ。ちなみに、そのためのお金を稼ぐ場所が、工場である。もちろん、古代から店舗は存在するが、百貨店のように、大きな建物の中に大量の商品を陳列して販売する形式は、近代社会において誕生したものである。もっとも、近年はインターネットによる購入が増加し、もはや百貨店という商売のモデルが厳しくなり、各地で閉店が相次ぐ。もしかすると、21世紀の後半には全滅するかもしれない。そうした意味でも、ビルディングタイプは社会と深い結びつきをもち、時代の産物でもある。

パノプティコンという空間モデル

　『ビルディングタイプの解剖学』を執筆した際、大きな影響を受けたのが、思想家のミシェル・フーコーの著作『監獄の誕生』(1975

年）である。この本はジェレミー・ベンサムが考案したパノプティコンという究極の監獄モデルに対する興味深い考察で知られている。すなわち、吹き抜けの中心に監視をする人がいる塔が立ち、その周りに360度ぐるりと個室で区切られた独房＝セルが並んでいるというものだ。こうした図式に近いプランは、より少ない人でより多くの人を効率的にどうやって監視する、あるいは見守りするということで、監獄や病院などでも実際に採用されているが、ベンサムの理想形とまったく同じものはないだろう。パノプティコンの思考実験は、さらに深いシステムを内包し、当然、中央の看守からは独房の囚人を見ることはできるが、逆に囚人は看守を見ることができないという視線の非対称性が鍵になっている。円周に沿って並べられた囚人同士も、互いにコミュニケーションを取ることができず、それぞれの囚人と看守の関係しかない。また空間的に離されているため、囚人と看守の会話もできないから、例えば、映画『グリーンマイル』のように、両者が仲良くなって、たまに解放してあげるといったイレギュラーな事態も発生しない。かくして施設から、属人的な性格による不確定性を排除している。

　ともあれ、パノプティコンは、中央に看守を一人置けば、まわりの囚人全体を監視できるわけだ。しかし、囚人が看守を見ることができないことを踏まえると、実は中央に誰もいなくても、監視のシステムが成立するところが、まさにすごいところである。どういうことか。もし、囚人から今自分を監視している看守が見えてしまうと、たまたまその人がトイレに行っていたり、食事をしていたり、違う方向を向いていたり、居眠りをしていたら、その間自分は見られていないことがわかってしまう。だが、それがわからないので、囚人はいつも自分が見られているかもしれないという状態に陥る。これは頭の中に自分を監視している存在を埋め込むことに等しい。それは神、あるいは法のようなものだ。つまり、あの塔の中には監視する人がいるらしい、ということだけ伝えておけば、一人どころか、究極的には０人でも監視が可能になるのだ。現代の技術を用い

れば、監視カメラがこうした効果を発するだろう。なぜなら、やはり自分を見ていることはわかるが、モニターの向こうに人がいるかどうかはわからない。また実際は機能をもたないが、かたちだけは本物と同じのダミーカメラもある。なお、監視カメラは長時間の映像を記録できることから、その瞬間にまだ罪を犯していなくても、後から時間をさかのぼって、映像を検索可能であることが新しい状況をもたらしている。

　犯罪者をただ牢屋に閉じ込め、罰するだけの前近代的な施設であれば、パノプティコンは不要である。建物を脱獄不可能とし、社会から完全に切り離すだけで、良いからだ。むしろ、近代的な監獄は犯罪を更生し、社会に送り返すことが重要である。だからこそ、いつも自分を見ている他者を犯罪者の精神に埋め込み、ふるまいを律することが望ましい。パノプティコンは、空間のモデルによって、究極の監視システムを提案した。極端な事例のように思えるが、学校の教室も、これと類似した構造をもつ。通常、教室は手前の教壇に教師が立ち、大勢の学生と向き合う。しかし、テストのときに試験監督が一人しかいないと、居眠りしたり、内職していると、学生は今自分たちが見られていないことがわかる。だからこそ、入学試験やセンター試験などでは、複数の監督が教室にいるのだが、思考実験として絶対に後ろを振り向いてはいけない教室があるとすれば、自分が今見られているかどうかわからないパノプティコン的な状態が発生するだろう。したがって、パノプティコンは近代社会における規律を考える上でも、重要なモデルとして言及される。

　ところで、写真家の奈良原一高が、北海道の男性だけのトラピスト修道院と女性刑務所を撮影しており、両者の組み合わせはビルディングタイプ論として興味深い。いずれも外界から隔離された施設であり、内部空間に閉じ込もる施設だ。修道院は神と対峙しながら、規律正しい禁欲的な生活を送る。神に仕える信者と更生されるべき犯罪者、すなわち修道院と監獄は、まったく異なる施設のように思われるかもしれないが、空間と人間の関係を比較すると、類似

性が認められるのだ。

かたちのタイポロジー

　ビルディングタイプは、建物のタイポロジーである。これを形態の類型学としてみなせば、ドイツのベッヒャー夫妻という写真家の作品が興味深い。彼らは、ガスタンクやサイロといった機能が限定されたビルディングタイプに注目し、数多くの事例を撮影し、それらをサムネイルのように、一覧できるよう並べている。同じアングルと同じサイズによって、同じビルディングタイプが集合すると、全部が何となく似ている形態でありながら、ちょっとずつどこかが違う。つまり、ベッヒャーのシリーズは、同一性を基本としながら、微妙な差異が生じるおもしろさを確認できる。例えば、ガスタンクは構造的に球体がもっとも安定するはずなので、どうしても球体が登場し、これが一番目立つ。しかし、それを支える支柱や、てっぺんに登るための巻きつく階段などはバリエーションがある。その際、個別の立地や周辺環境が影響しているかもしれない。重要なのは、一般的にガスタンクのような産業施設は、象徴性が求められる教会とは違い、余計な装飾が付加されず、与えられた機能が幾何学的な形態を純粋に決定していることだ。これはかつてモダニズムの建築家がまさに理想としたことであり、実際、ル・コルビュジエは「住宅は住むための機械である」と述べて、彼の著作に近代が生み出した自動車、飛行機、機械、産業施設などの写真を収録している。

　建築に目を向けると、フランス革命の直後、建築家のジャン・ルイ・ニコラ・デュランが『比較』というタイトルの図集を出版した。これは大きな図版のシートに、ビルディングタイプごとに分類された建築の図面を並べたものである。いわば昆虫採集の標本箱のように、同じ種類の建築を比較しやすくすることを目指したものだ。例えば、教会のドームのページでは、フィレンツェのサンタ・マリ

ア・デル・フィオーレ、ロンドンのセント・ポール、ヴェネツィアのサン・マルコ、そしてイスタンブールのハギア・ソフィア（イスラムの支配下になる前、もともとは教会として建造された）などの平面と断面が、同一の縮尺でレイアウトされている。おそらく、断面図を選んだのは、ドームの内部空間を示すためだろう。その結果、いずれの事例も時代や地域は異なるが、バシリカ式の長方形プランや、中心性が強いギリシア十字のプランに対するドームの関係も比較が可能になる。また庁舎のページを見ると、ローマのカンピドリオ広場を中心に、ヨーロッパ各地の庁舎の立面と平面が並ぶ。ここでデュランが、断面よりも立面を優先したのは、都市に対するファサードが重要だからだと思われる。実際、多くの事例では、中央に高い塔を配する構成がおおむね共通している。とはいえ、ベッヒャーが撮影した産業施設に比べると、デザインのばらつきは大きい。

　デュランの図面集は、理念を語る建築論とは違い、ほとんどテキストがなく、むしろ当時の建築家が設計の際に参考にする参考書と言える。そうした即物的な目的だと考えると、内容がビルディングタイプごとに分かれているのも、理に適っており、納得がいく。後でまた触れるが、今日の設計資料集成も、ビルディングタイプ別に構成されており、その祖先として位置付けることができるだろう。

ビルディングタイプの歴史

　さらに歴史をさかのぼると、古代ローマに書かれたウィトルウィウスの建築書では、以下のように分類している。住宅、神殿、フォーラム、劇場、そして現在は建築に入れないものだが、器械という項目がある。また彼は、建築に求められるものとして、用・強・美という3つの要素を挙げていた。すなわち、実用性、強度、そして美しさだが、これらは今もあまり変わらないものだろう。そして特にビルディングタイプに関わるのは、用である。次にルネ

サンスの時代のアルベルティの建築書によれば、公共施設（道路、橋、港など）と各種施設（居館、城、聖堂、病院、元老院、裁判所など）というカテゴリーで括られている。前者はいわゆる土木関係のものだが、後者のビルディングタイプの選び方は当時の建築家にとって重要なものを反映したものだろう。近代以降であれば、集合住宅、図書館、美術館などが入るはずだが、これらはない。

　もともと古代ローマは、いわゆる都市文化としてはかなり高度なレベルにまで発達し、さまざまなビルディングタイプが出現している。例えば、スタジアムの原型となった楕円形の闘技場、コロッセウム。また古代ローマの建築家が現代の日本にタイムトリップする漫画や映画化でも話題になった『テルマエ・ロマエ』で描かれたように、巨大な浴場施設も発達している。これは当時の都市生活において重要だった娯楽施設だが、今でいうクアハウスに近いかもしれない。ただ、当然ながら、古代ローマに映画館やゲームセンターなどは存在しなかった。そして建築書に記されていた神殿やフォーラムは、都市における宗教や政治の中心となる。ビルディングタイプとは、社会の中でどのような建物が必要だったかを切り分けたものであり、逆に言えば、それらを足していくと、社会や都市の全体像ができるわけだ。

　興味深いのは、ポンペイにその遺跡が残っているが、古代ローマのインスラという集合住宅の形式である。というのは、1階に店舗が入り、上階が居住エリアになっているからだ。現在の都市で言うと、マンションで1階に飲食店やコンビニが入っているような感覚である。古代ローマでは、インスラが5層や6層の規模をもち、都市の高密度化によって、こうしたプログラムの組み合わせが発生した。19世紀にオースマンによる都市改造が行われたパリの中心部も、中層の集合住宅が並び、美しい景観をつくり出したが、建物の規模としてはすでに古代ローマの時代に到達していたのである。なお、近代以前の日本は縦に積み重ねる集合住宅という形式をもたず、関東大震災後の同潤会アパートや戦後の公団による団地などに

よって、ようやく中層の集合住宅が登場した。そして21世紀に入ると、一気に超高層のタワーマンションが普及し、ヨーロッパの集合住宅を超えている。

　ただし、現在と大きく条件が異なる点は、エレベータがないことである。ボタンを押せば、歩かずにどのフロアでもアクセスできる機械仕掛けの装置は、19世紀の後半、万博の時代に発明されたものだが、8階であろうと、20階であろうと、簡単に行けるように変えてしまった。それゆえ、見晴らしがいい上階の方が価値をもち、家賃が高くなったり、富裕者が暮らす状況をもたらす。つまり、ビルの最上階に社会的に成功した人間がいるというイメージは、近代以降に成立したものだ。しかし、エレベータがない時代は2階、3階はともかく、上のフロアに行くほど、居住の条件は劣悪になっていた。また現代とは違い、蛇口をひねれば、水が出るとか、スイッチも押せば照明がつくわけでもない。したがって、上階は低所得者が住んでいたはずであり、エレベータが登場するまでは、上下階のヒエラルキーが逆だった。また構造的に10階建ての集合住宅やオフィスをつくることができても、もしエレベータがなかったら、実質的には使い物にならないだろう。つまり、ビルディングタイプの歴史は、それぞれの社会を考える切り口のひとつにもなるのだ。

　ビルディングタイプの歴史は、ヘレン・ロズノウ、アンソニー・ヴィードラー、トーマス・マーカスらも部分的に執筆しているが、全体像を包括的に論じ、日本語にも翻訳された建築史家のニコラウス・ペヴズナーの『建築タイプの歴史Ⅰ、Ⅱ』（中央公論美術出版社、2014年、15年）が有名である。原著は1976年に刊行された。日本語版では2冊に分けて刊行されているが、目次の構成が興味深い。前半部の第1章「国家と偉人の記念碑」、2章から5章は国会議事堂や庁舎、6章は劇場、7章は図書館、8章は博物館、9章は病院、そして10章は刑務所である。続く後半部のⅡでは、第11章のホテル、12章の取引所と銀行、13章の倉庫とオフィス、14章は鉄道駅、15章は市場と温室、16章は商店と百貨店、そして最後の17章は工場を扱

う。基本的には古代から存在するモニュメンタルな施設から、公共
建築となり、やがて近代的な施設という風に、ビルディングタイプ
が並んでいる。

　なお、ペヴスナーの本は、こうしたビルディングタイプ研究の嚆
矢として十分に貴重なものだが、意匠的な分析が多く、社会の制度
との関わりでは物足りないように思われる。もちろん、彼は前書き
において、「こうした建築の考察は、様式と機能、つまり建築史上の
問題である様式と、社会史上の機能の双方にわたる発展を示すこと
になる」と述べている。ただし、ペヴスナーが得意とする前者の様
式史の視点が強い。なるほど、特定の様式はあるイメージを喚起さ
せることから、なぜヨーロッパのオペラ座は壮麗なネオ・バロッ
ク、歓楽施設はエキゾチックなイスラム風の様式が使われるのか。
あるいは、日本近代における銀行は、どうして重厚な古典主義が採
用されたのか（安心感を演出？）。これらもビルディングタイプを考
える上で、興味深い問いかけになるだろう。ただ、フーコーの名著
『監獄の誕生』の洗礼を受けた後では、権力の空間的な構造がもっと
欲しい。

建築計画と資料集成

　建築の分野において、ビルディングタイプと深い関係をもつ分野
は、建築計画だろう。これは平面の計画、もしくは部屋の配置、平
たく言うと間取りをどうすべきかを研究する学問である。その際、
制度化されたビルディングタイプ別にさらに専門が分化しており、
実際に建物を設計するときには研究で得られた知見がフィードバッ
クされる。例えば、どうしたらより効率性が高い能的な配置になる
か、あるいはある施設に新しい考え方をもたらすためには、どうい
う空間を設け、プランニングをしたら良いか。建築計画は、こうし
たことを調査したり、検討する学問である。団地の間取りにおける
もっとも有名な51c型のプランは、西山夘三による庶民の居住に関

するフィールドワークを踏まえた食寝分離論を採用し、食事室と台所を合体させたダイニングキッチン（DK）という部屋を設けつつ、2つの個室を確保して、2DKのプランを確立した。これは限られた面積で効率的に諸機能を収めるデザインである。現在でも不動産の表記のnLDKというシステムが用いられているが、その起源は51c型だった。

　大学の教科書でも使われた鈴木成文らの『建築計画』（実教出版）を開くと、5章が集合住宅、6章が学校建築、7章が事務所である。そこで5章の第3節「集合の計画」を確認すると、「住棟形式」「コミュニティの形式」「集団の中における個の領域」「グルーピング」「異なる要素の集合」「アクセスの方向性」「スケールの分節」「住戸の識別性」といった8つの項目をとりあげている。まさに集合住宅を計画するために、どのようなことを検討すべきかがまとまっている。また長澤泰の編著『建築計画』（市ケ谷出版社）は、第2章が「住まいを計画する（住まいをとらえる家族・地域と住まいほか）、第3章が「施設を計画する（病院－診断士治癒する病院－治癒を促すほか）、第4章が「空間を計画する（形や大きさのもつ意味－寸法・形はどのように決められるか人体から決まる空間ほか）」という構成をもつ。ある程度、住宅系と施設系、かたちとスケールという風に、カテゴリーは再編されているが、やはりビルディングタイプが軸になっていることは変わらない。

　日本建築学会による『建築設計資料集成』は、計画学の成果を取り入れつつ、設計課題に取り組む学生だけでなく、実務者も使える参考図集として編纂されたものだ。前述したデュランの『比較』をもっと現代的にアップデートしており、まず「環境」「人間」「物品」に関する基本的なスケールを押さえた後、ビルディングタイプごとに本が刊行されている。すなわち、「居住」「福祉・医療」「集会・市民サービス」「教育・図書」「展示・芸能」「余暇・宿泊」「業務・商業」「生産・交通」など、アクティビティごとにタイトルを付けて、整理

しているが、「余暇・宿泊」は旅館やホテル、「展示・芸能」は博物館、美術館、ホールなどに対応する。こうした括り方は、全体の内容を一冊に凝縮した『コンパクト建築設計資料集成』（丸善）にもおおむね引き継がれている。本書を見ると、専門外の人も建築家がどういう風に設計しているかがある程度、わかるだろう。

　例えば、「起居：行為と場面」はビルディングタイプに分割する以前の、もっと小さいスケールの話だが、トイレ、あるいはカウンター、机、こたつ、椅子、ベッドなどの什器に関する寸法を扱う。部屋に机をどのように並べるかを検討する際、そのサイズを確認するものだ。もちろん、長い実務経験をもつ人は、頭の中にこうした物の寸法体系は入っている。これをもう少し広げると、様々な什器を組み合わせた空間のユニット、例えば、自然の家の宿泊や高齢者施設の居住の参考事例が紹介される。そして各種のビルディングタイプでは、建物の基本的な考え方や全体のプランを掲載し、どのように各部屋を構成しているかについて、具体的な作品とともにとりあげる。したがって、空間のユニットをどのように配置するかなのだが、学校、集合住宅、ホテルなどでは、同じユニットを反復するケースが多い。いわば設計という行為は、基本的に組み合わせであり、こうした本は基礎資料になっている。その一番細かい単位が、人間の身体と直接に触れ合う家具なのだ。建築家はただコピーして同じものをつくるのではなく、場所や条件に合わせて、設計し、ときには歴史に残る画期的なデザインを実現するわけだが、資料を参考にする際、まず大きな括りとしてビルディングタイプが前提となる。

脱近代としての複合施設

　近代とビルディングタイプ の関係において、もうひとつ注目すべきは、単一機能の施設を前提としていたことだ。すなわち、学校なら学校、美術館なら美術館というシングル・ファンクションであ

る。近代の都市計画においても、働くエリア、居住するエリア、余暇のためのエリアという風に、機能ごとに都市をゾーニングすることが求められていた。例えば、ル・コルビュジエが描いた新しい都市のイメージがそうである。近代における空間の考え方は、ひとつの建物にひとつの機能、あるいはひとつの場所にひとつの機能を割り付けていくものだった。しかし、20世紀後半のポストモダンを迎えると、さまざまな方法でこうした前提が批判され、近年では実験的な複合施設が増えている。レム・コールハースは『錯乱のニューヨーク』（1979年）において摩天楼を分析し、下から上まで全部同じ機能ではなく、オフィスのほかにオイスターバーやボクシングジムなど、フロアによって異なるプログラムが入っていたことに注目した。つまり、ヨーロッパがモダニズムを育んでいた時代において、すでにマンハッタンでは反モダニズム的な現象が起きていたわけである。ちなみに、六本木ヒルズを開発した森ビルの社長は、ル・コルビュジエが好きであり、超高層ビルを建てることで、足元にオープンスペースを確保するという彼の思想を継承しているが、一方でオフィス、美術館、商業施設、マンションなどがコンパクトにまとまった多機能の再開発を実行しており、コールハース的な側面もあわせもつ。またベルナール・チュミが、ランニングトラックと図書館を合体させるなど、本来出会わないような異なる用途が衝突するディスプログラミングの建築理論を提唱した。

　日本では、1971年に磯崎新が、コンピューター・エディッド・シティというプロジェクトを発表している。これは名前の通り、情報化時代の都市と建築のあり方を予想したものだが、興味深いのは、ぬめっとしたヴォリュームの皮膜の内部では、いろんなビルディングタイプが融解して混ざるというヴィジョンを示したことだろう。つまり、ここでは郵便局、食品店、雑貨屋、クリーニング屋、オフィスなど、単一機能をもった建物を数多く組み合わせることで都市になるのではない。ただし、当時のコンピュータの未来イメージは、昔のSF映画で描かれたように、巨大なマザーコンピュータが中心に

ある構造であり、大きなヴォリュームの表現はそうした限界も感じ
させる。実際はインターネットが発達し、ネットワーク的に都市に
分散する社会が到来した。例えば、コンビニエンス・ストアは、
もっとも進化したマルチ・ファンクションのビルディングタイプで
ある。食品やアルコールから雑誌や衣類まで様々な商品を販売する
だけでなく、ATM、郵便、コピーの機能のほか、各種のチケットも
扱う、多様なサービるに対応する情報端末になっている。もちろ
ん、これは現在の技術が可能にしたものだ。

　1990年代の後半には、建築家のユニット、アトリエ・ワンの塚本
由晴、貝島桃代らが、東京の複合施設を調査したメイド・イン・
トーキョーのプロジェクトを発表した。例えば、スーパーマーケッ
トの屋上が自動車教習所になっている「スーパーカースクール」、
オフィス、コンクリートミキサー、社宅がセットになった職住接近
の「生コンアパート」、パチスロ、サラ金、居酒屋が3棟のビルに凝
縮され、消費と浪費のサイクルが完結した新宿の「パチンコカテド
ラル」など、有名な建築家が設計したわけではないが、いずれも実
在する物件を発見し、ユニークな名前を与えている。東京の場合
は、土地の値段が高いことに加え、経済原理が優先されることに
よって、こうしたモダニズムを超えた風景が出現するというわけ
だ。

　最後に21世紀の日本における建築家のプロジェクトをいくつか
紹介しよう。伊東豊雄のせんだいメディアテーク（2001年）は、そ
もそもメディアテークという名前が付いた日本初の公共施設である
と同時に、図書館（2階）やギャラリー（5、6階）などを併設しなが
ら、柱の代わりに、うねるチューブをランダムに散りばめた画期的
なデザインを実現した。なお、古谷誠章と杉浦久子によるメディア
テークのコンペの落選案も、ラディカルに各種の用途をシャッフル
したイメージを提案し、建物全体がどこに本を戻しても良い図書空
間になっていた。また駅前に出現した平田晃久による太田市美術
館・図書館（2017年）は、2つのプログラムがそれぞれスパイラル状

に展開し、互いに巻きつくような複雑な空間構成をもち、さらにカフェも加えることによって、人の賑わいを復活させた。仲俊治・宇野悠里の食堂付きアパート（2014年）は、上階にオフィスにも使える居住ユニット群、1階は打ち合わせにも使える食堂、そして地下にコワーキング・オフィスを備えている。小泉雅生による横浜市寿町健康福祉交流センター（2019年）は、かつての労働者の街が高齢化したことに対応し、1階に広場、ラウンジ、図書スペース、2階にデイケア、診療所、銭湯、共同スペースを入れ、さらに単身者からファミリー層までを想定した集合住宅を併設した。そして新居千秋は、大船渡のリアスホール（2009年）、由利本荘市文化交流会館カダーレ（2011年）、新潟の江南区文化会館（2014年）など、ワークショップを経て、地方都市において複合施設を手がけている。特にホールと図書館の組み合わせは、イベントがないときにも施設に賑わいを与えるだろう。なお、人口が減少する地方都市では、分散した各施設を維持する体力を失い、老朽化に合わせ、複合施設として合築することによって、管理のコストを下げるという事情もある。そうした意味で、やはり新しいビルディングタイプのあり方は、現代の社会状況を反映したものになっているのだ。

2

住宅
HOUSING

槻橋修 + 神戸大学槻橋研究室

はじめに

　ビルディングタイプについての言説は、近代以降の都市における建築、特に議事堂やオフィスビル、銀行などにふさわしい建築様式や平面形式を分類する上で育ってきた都市建築の言葉であり、戦後は学校や美術館・博物館、図書館、劇場といった施設の分類を議論する際に用いられるようになった概念でもある。本章で扱う住宅について、広義に捉えるなら近代よりはるか以前、人類が集団で暮らすようになる歴史とともにつくられ続け、近代以降においても居住空間は都市建築の対極において人間社会の基本的な構築環境として普及・発展してきた。単純に建物の数だけで言えば人類が最も数多く生み出してきたビルディングタイプは紛れもなく住居である。美術館や劇場がない街はいくらでもあるが、人が住む限り住居がない街はないのである。

　したがって住居をビルディングタイプとして整理しようとしても、その全てを網羅的かつ普遍的に分類することは難題である。住まいはそれぞれの地域、文化、宗教、社会的因習、そして時代と深く結びついており多種多様であるからだ。ビルディングタイプを学として扱うのは建築学、特に建築計画学であるが、近代機能主義の時代の中で形成されてきた建築計画学は、具体事例の中からより普遍的なモデルを抽出し普及させる工学的な営みであり、対象の固有性、多様性を位置づけるのが不得手である。20世紀の前半にル・コルビュジエらが近代建築と都市計画の理念を求めて組織したCIAM（近代建築国際会議）の主要なテーマのひとつに都市生活者への住宅供給とその合理化・規格化が挙げられていたが、1958年にドブロヴニクで開催された第10回会議においてスミッソン夫妻ら若手建築家集団チームXによってCIAMは解体された。機能主義一辺倒で画一的な都市のあり方に異を唱えたのである。ほぼ時を同じくして西欧近代による建築理念の外部に、豊かな生活文化が地域ごと存在しており、世界中で形成されてきた多様な居住文化に目が向けられるようになった。さらには20世紀後半からの情報通信革命を経て、

今や居住文化の多様さはさらなる拡張期にあると言える。こうした潮流をふまえながらもビルディングタイプとしての住居について論点を見失わないために、本章では古代ローマ時代の建築家ウィトルウィウスの言葉として世界中の建築学を学ぶ人がはじめに覚える「用・強・美」になぞらえ、住宅の機能、構造・構成、デザインに軸足を置きながら、その歴史と現在の状況を整理する。

　まず第1に住宅建築において独立住宅と集合住宅とは機能的、構造的に大きく異なる。双方とも古くから住まいと社会との関係の中で成立してきた形式であり、建築的には異なるビルディングタイプといえるくらいの進化を遂げてきている。また独居と集合の建築はそれぞれに都市や社会と深い関わりを持ちながら変容してきた。

　第2に、住まいと文化の関係、意匠やデザインに関わる問題である。住居は雨露をしのぐシェルターとしての機能的な環境であると同時に、そこに住む人々の自己表現、あるいは文明的、文化的な表象でもある。古代より建設技術が大陸を渡って伝播し、住居のトレンドを生み出してきた。現在でも住宅の市場やライフスタイルの変化は世界経済にとって大きな影響力をもっている。

　最後に住宅をめぐる現代の諸相について述べる。コミュニケーションテクノロジーの爆発的な進化と普及によって20世期末から現代にかけて、都市生活者と住まいの関係は多様化が急速に進んでいる。一人で住むこと、集まって住むこと、住む場所の流動化など、住宅という概念そのものの再構築が要請される時代が到来している。

　以上、本章では1.集合住宅と独立住宅、2.文化の衝突、3.現代住宅の諸相という3つの観点から住宅をビルディングタイプとして整理することを試みる。

1 集合住宅と独立住宅

茶の間からLDKへ

　21世紀の現在、お茶の間は懐かしい存在になってしまった。今は

住まいにおける中心的な場はリビングルームと言った方が自然である。リビングルームがLDKのLを指すことは一般に広く理解されているが、1950年代に民俗学者の今和次郎が論考「リビング・ルームの誕生」で近代的な普通の生活における居間（リビングルーム）の成立を論じたことが知られている。一方のLDKシステムという考え方も、戦後の集合住宅の発展とともに形成されてきたものである。

　20世紀に入り、都市居住が整備されていく過程で近代的な集合住宅が成立してきた。1923年（大正12年）に起こった関東大震災では多くの木造住宅密集地が火災によって消失した。震災復興における住宅難への対処を目的に、内務省によって財団法人・同潤会が設立され、日本における鉄筋コンクリート造集合住宅の草分けとなった。同潤会アパートの名で知られる黎明期の都市建築は、当時、東京帝国大学建築学科教授であった内田祥三の研究室を中心に設計され、電気やガス、水道といったインフラや水洗トイレ、エレベーターなど、現在の集合住宅に引き継がれるレガシーを生み出した。全国各地に集合住宅が本格的に普及しはじめるのは第二次大戦後の

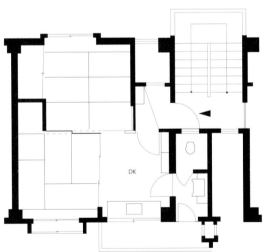

図1　51C型公共住宅・平面図

戦災復興とその後の高度成長期であり、1951年の公営住宅法の施行を経て1955年に設立された日本住宅公団が設立され、都心への人口集中の波と共に大量の集合住宅が建設された。私たちが普段、住まいの規模や形式を語る際に用いるnLDKという呼び方は、公団住宅のDK型住戸が原型となっており、東京大学吉武研究室が考案した標準設計「51C型公共住宅」は40㎡程度の住戸に「食事のできる台所（DK）」と「独立した主寝室」を設けるなど、それまでの茶の間を核とした生活から＜食寝分離＞というライフスタイルの変革を促した。

住むための機械

　一方、独立住宅、いわゆる戸建て住宅も日本の場合、戦後復興、高度成長期に規格化、工業化が進み、大量に普及することとなった。大和ハウス工業が1959年（昭和34年）に開発・商品化されたミゼットハウスはライフスタイルの変化とともに手狭になった戸建て住宅に簡易に付け加える超小型の離れ家（子供の勉強部屋など）としてヒット商品となり、鉄骨造プレハブ住宅が普及する契機となった。同時期に小型オート三輪自動車として大ヒットしていたダイハツ・ミゼット（midgetは超小型の意）と合わせて、高度成長期の日本の工業製品が社会生活に浸透していく過程として記憶されるべき事象である。遡ること約40年、近代建築の巨匠ル・コルビュジエはパリで建築家としての活動をはじめ、芸術家仲間とともに雑誌『レスプリ・ヌーヴォー』を刊行し、新時代の建築や都市のあるべき姿を論じ、イメージスケッチを発表していた。この時期の、住まいに関する、ル・コルビュジエの名言として「住宅は住むための機械である」という言葉がある。19世紀末から第一次世界大戦を経て都市生活インフラの普及と建築における機能主義、合理主義的な考え方が醸成された中で生まれた明快なアフォリズムであった。またこの時代、都市部ではマスメディアとしての新聞が普及し、世界中の政治・経済の動向を毎日知ることができるようになり、また新聞広告

は日々新しい技術が生み出す商品のイメージを伝えていた。1920年に『レスプリ・ヌーヴォー』誌で発表された普及型の量産住宅モデル「シトロアン住宅」は、先述のミゼットハウスの話のモデルとも言えるようなプロジェクトだ。第一次世界大戦直後、1919年のパリでアンドレ・シトロエンは普及量産型の自動車シトロエンTYPE Aを発表して創業した。現在アンドレ・シトロエン公園として親しまれている場所は大戦中軍需工場であったがそこにヨーロッパ初の大量生産工場をつくり、一般大衆に自動車の普及に取り組んだ。個性的な新聞広告の効果もあり1年間で1万台以上の販売を実現した。若きル・コルビュジエはこのシトロエンの名前をもじってシトロアン住宅のプロジェクトを発表した。住むための機械としての住宅は、自動車の様に安価で一般大衆の健康で快適な生活に供するものであるべきだという先進的な考え方をとてもキャッチーに示したのであった。

写真2　ミゼットハウス

図4　シトロエンTYPE A 広告

写真3　ペサックの集合住宅（写真：アフロ）

ビルディングタイプの基点

　その後、ル・コルビュジエは実作を通して新時代の建築イメージを発表していく。「住むための機械」「シトロアン住宅」の考え方を投影した初期の実作としては「ペサックの集合住宅」(1924年) や「ヴァイゼンホーフ・ジードルングの住宅」(1927年) が挙げられるが、第一次大戦後の復興と共に始まった1920年代は「狂乱の時代」と呼ばれ、過去の因習と縁を切った新しい工業技術、衛生的な生活水準へのニーズ、自動車、映画、新聞・ラジオなどのマスメディアなど都市生活を一変させる変化が同時多発的に進行した時代であった。そんな時代のただ中で、ル・コルビュジエは1926年に「近代建築の五原則」を発表する。

　近代建築の五原則 (原題は「新しい建築の5つのポイント」)
　1.　ピロティ：地面から建築を解放し、交通と植物、運動のための場に。
　2.　屋上テラス (庭園)：屋上と空を解放し、日光浴、運動、菜園の場に。住居を湿った層で保護。
　3.　自由な平面：部屋の形や配置を構造壁から解放。間仕切り壁で自由につくれる。
　4.　横長の窓：自由に大きい窓がつくれるため、建物内部を一様に明るくできる。
　5.　自由なファサード：絵画を描くように自由にデザインできる。(上記4つからの直接的な結果)
　(林要次、建築討論WEBより引用)

　鉄筋コンクリート造を始めとする新しい建築技術によって可能になる新時代の建築を宣言するこの「五原則」を建築作品として最も明快に体現した住宅が1931年に完成した「サヴォア邸」である。自動車に乗ってピロティに滑り込み、建物中央のスロープを折り返す回転運動によって水平連続窓から周囲の風景を楽しみ、屋上庭園へ

と至る体験をル・コルビュジエは「建築的散策路（プロムナード）」と呼んだ。「五原則」も「プロムナード」も、「住むための機械」「シトロアン」といった住宅建築のあるべき姿を示すコンセプトに留まらず、近代建築の新形式や空間の経験についてのマニフェストであった。あらゆるビルディングタイプの基点を示す建築として住宅建築をモデルに選んだことは、ル・コルビュジエに限らず同時代のヨーロッパの建築家たち―例えばミース・ファン・デル・ローエやヴァルター・グロピウスらドイツ工作連盟が中心となってステュットガルトで開催・建設された実験住宅展「ヴァイゼンホーフ・ジードルング」（1927年）における建築家達の作品群からも見て取れる。新しい技術と新しい都市生活という20世紀の二軸を建築的に結ぶ交点に住宅建築が位置しており、独立住宅と集合住宅は前世紀のビルディングタイプにまつわる因習からの断絶を企てたのであった。

写真5　ル・コルビュジエ／サヴォア邸

写真6　ミース・ファン・デル・ローエ／ヴァイゼンホーフ・ジードルング住宅(左)、全体配置(右)

ポストモダニティ：住むための「イメージ」

　冒頭で述べたように、住宅建築は建築計画学的にビルディングタイプとして扱うにはあまりにも多様なのだが、CIAMの成立と解体に見られるように20世紀の前半の一時期においてはその中心的な対象として都市生活の基盤を決定づけてきたとも言える。第二次世界大戦後、10年あまりの期間は戦後復興としての都市再建や住宅供給が進められ、戦前に実験的に形成された住宅建築の蓄積を普及していく期間となった。東西冷戦の最中、西側諸国における20世紀後半の社会変化は1968年の五月革命に代表される。若者や大衆がマスメディアや消費活動を通して社会を牽引するようになり、情報コミュニケーションの技術と環境が普及するにつれて人・モノ・カネが国境をこえて移動する時代に突入する。チャールズ・ジェンクスら建築評論家がポストモダニズムと呼んだ1970年代以降の建築と資本主義をめぐる潮流は、建築の議論にとどまらず、芸術や文学にも浸透し、社会地理学者デヴィッド・ハーヴェイはそれを「時間──空間の圧縮」による資本主義の歴史的－地理的な状況であると論じた。

　　1960年代後半に始まり、1973年に頂点に達した過剰蓄積の危機は、まさにそのような結果をもたらしたのである。時間と空間の経験が変容し、科学的判断と道徳的判断との結びつきの確信が崩壊することで、社会的関心、知的関心の最も重要な焦点が倫理から美学へと変わり、イメージが物語を支配し、はかなさと断片化が永遠の真理と統合された政治よりも上位に立ち、説明は、物質的、政治－経済的な基盤の領域においてではなく、自律的な文化的、政治的な諸実践を考察することによってなされるようになったのである。
　　（デヴィッド・ハーヴェイ「ポストモダニティの条件」1999年、吉原直樹訳、青木書店）

住宅建築もまた、多様な美学、多様なイメージ、断片化とその集まりによる不鮮明な全体像のもとでの実践へと道が分かれていく。住宅建築が資本主義的差異を繰り返し生み出すことを求められるようになり、経済的な存在へと埋もれていくのと並行して、都市空間は機能主義的な機械（ハードウェア）としての対象から、生活者の意識や認知によってより複雑に立ち現れるソフトな側面から分析が進んでいく。アメリカの都市計画家ケヴィン・リンチによる『都市のイメージ』（1960年）やフランスの作家ギー・ドゥボールが1957年に制作したドローイング『心理的なパリ・ガイド：愛の情熱についての論考。人は漂流しつつ心理地理的にどこを志向するか、それぞれの場所に特有の雰囲気について』などに見られるように都市に形成される場所性が都市生活者の行動に見えない構造を与えていくことを論じた。同時期に市民運動をともなって、近代建築や都市開発に対して厳しい批判を展開したジェーン・ジェイコブズ の思想もまた、都市空間の中に複雑に醸成される近隣の重要性を論じ、画一的で機能的な都市空間でなく、多種多様な住居タイプが混ざり合い、そこで住み、働く人々が時間をかけて場所を育てること（プレイス・メイキング）の大切さを主張した。

図7　ケヴィン・リンチ／都市のイメージ（岩波書店）

自由を閉じ込める住宅

　1970年代以降、建築におけるポストモダンの潮流はバブル景気を経てさらに加速した。集合住宅においてその印象的な例として1991年に福岡市に完成したネクサスワールドが挙げられる。磯崎新のプロデュースにより、アメリカ、フランス、スペイン、オランダ、日本の建築家たちが全11棟を設計した建築デザインのショーケースである。各棟には建築家の名前が冠せられ建築家の個性的なデザインをブランド価値として売り出す現象は、その後デザイナーズマンションへと引き継がれていく。

　こうした多様性や差異による商品化の潮流の中にありながら、それを受け止めつつも近代的な倫理と美学の融合を追求する建築家もいる。山本理顕は、初期の住宅建築作品から、住まいの平面計画と変容する家族関係に関して意識的なアプローチを試みており、個と家族、私と公の中間にあって、両者を隔てる境界でありながら両者の間を柔らかく調停する空間でもある「閾」と呼ぶ空間に早くから着目し、時には分棟形式の住宅における中庭として、公団住宅では廊下と住空間の間に設えたSOHOスペースとして、「閾」空間を設けることが、個人と家族をつなぎ、住宅を都市空間へとつないでいくことだと論じている。

　　自由は私的空間の中においてのみ自由なのである。つまり自由は私的空間の中に閉じ込められる。その自由を閉じ込めるように設計された空間が住宅という空間である。実際、プライバシー（privacy）とはもともと隔離され閉じ込められた状態を意味していたのである。
　　（山本理顕『権力の空間／空間の権力個人と国家の<あいだ>を設計せよ』）

　のちに山本は著書『権力の空間／空間の権力』において、自らが追い求めてきた「閾」の空間と、ハンナ・アレントが『人間の条件』の中で古代ギリシアのポリスの都市と住宅空間を巡る論の中で登場

図8　山本理顕／「閾」空間モデル

写真9　山本理顕／熊本県営保田窪第一団地

する「無人地帯（No man's Land）」の概念との符号について論じ、人間が住むことの制度によって自己決定の機会を奪われることの無いような住処をつくるべきであると主張し、そうした現代の集落とも呼べるような集住複合体のことを「地域社会圏モデル」として描き出した。「コミュニティとはその同じ空間の中に住む人々が自ら意思決定することができる力のことである。」（前掲書）山本の「地域社会圏モデル」は、ビルディングタイプとして捉えるなら集合住宅をベースにした都市型複合建築ということが出来るかもしれない。しかし、ビルディングタイプという概念で科学的に分類する考え方に内在する政治性に無自覚な建築が人間から本来的な自由を搾取するのだと警鐘を鳴らす。

自己表現としての住宅

　ハーヴェイが分析する様に1970年代以降のポストモダンの時期を経て、「イメージが物語を支配する様に」時代が変容を遂げたこ

とと、美しい写真で飾られた建築雑誌などのマスメディアが隆盛を誇り、数多くのスター建築家を生み出していく20世紀後半の潮流は符合する。資本主義的差異の産出が支配的だと言われる時代においても、多くの建築家にとって住宅は、ル・コルビュジエや近代の建築家たちがそうであった様に、建築における自己表現の最初のビルディングタイプであり続けた。篠原一男の「谷川さんの家」、安藤忠雄の「住吉の長屋」、伊東豊雄の「中野本町の家（White U）」、妹島和世の「PLATFORM」、青木淳の「B」など、名作と言われる初期の住宅作品には建築家の思想や作風が強く現れており、その後大規模な建築や公共施設の作品の芸術的な基底をなすものが多い。社会の中でのビルディングタイプという概念において、住宅が計画学的に扱いづらくなってきたのは、時代と共に個人の生活の多様性が少しずつ実装され、特に建築家たちが携わる住宅建築が、個人の生活を自己表現として極めた果てのものが多いことによるとも考えられる。その意味では、モダンがポストモダンに変わろうとも、建築市場が資本主義の強い影響を受ける様になっても、マスメディアがSNSに取って代わられようとも、建築家にとっては住居こそがビルディングタイプの基底であり続けたし、かろうじて現在もそうであると思う。（それについては本論第3の観点「現代住宅の諸相」において論じる。）自己表現としての住宅と書くとき、それは住まい手の自己表現ではなく建築家の自己表現なのではないか、という批判は受け止めなければならないとも思う。しかし私の考えはこうだ。（私が憧れ、信頼を寄せる類の）建築家たちは皆、言葉にするかどうかに関わらず、すべての人が一人ずつ違う様に、全ての住宅は異なっているべきだ、という信念を持っている。なので住宅建築、特に独立住宅をタイプに類型化することは、人を類型化することと同様、あまり気が進まないのである。住まい手の依頼を受け、住まい手が選んだ場所で、住まい手の生活を構想しながら建築設計の力を発揮するのが住宅建築の仕事である。したがって正確にいうなら住宅建築は住まい手の自己表現であると同時に建築家の自己表現でもあり、それ

故に多様であるべきだという考え方である。住宅建築を安価に大量
供給する立場、独立住宅のあるべき姿を計画学的に導こうとする立
場からは標準となるビルディングタイプは科学的に有用な概念であ
るが、人が一人ひとりが固有で、多様である様に、住宅建築にはま
だ多様さが足りない、という建築家側の考え方もあるのだ。

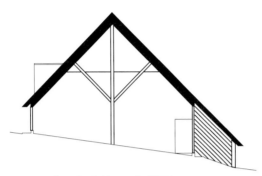

図10 篠原一男／谷川さんの家・断面図

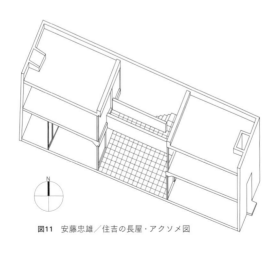

図11 安藤忠雄／住吉の長屋・アクソメ図

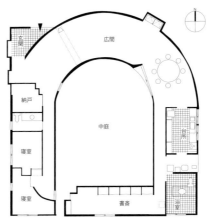

図12 伊東豊雄／中野本町の家（White U）・平面図

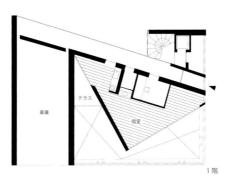

1階

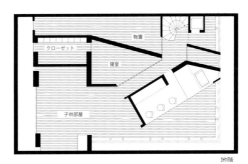

地階

図13 青木淳／B・平面図

2 West Meets Vernacular：文化の衝突

見えない建築家

　1964年、建築家バーナード・ルドフスキーによって制作され
ニューヨークの近代美術館で開催された展覧会「建築家なしの建築
（Architecture Without Architects）」展と同時に刊行された同名の美し
い図録（渡辺武信訳、1984年、鹿島出版会）は世界中の建築家を驚かせ
た。1958年のCIAM崩壊後、機能的・画一的な住宅供給に対する爽
やかなカウンターとして、ルドフスキーが紹介したのは、西欧近代
建築の文化とは無縁の地域で生み出された建築家の手によらない集
落建築ー地中に穴を掘った住居や東欧のアーケード、アジアの民家
といった150におよぶ事例を紹介し、地球上には無名の工匠たちに
よる独創的な建築が存在することを世に知らしめた。ケヴィン・リ
ンチが『都市のイメージ』を発表し、都市空間をイメージから分析
することの有意性を確立し、その具体的な方法としてのデザイン・
サーヴェイの手法が新しい都市論に用いられるようになったのと同
時期であった。同展のカタログに魅了され、1970年代以降、多くの
建築家や研究者が伝統的な集落や町並みの調査へと旅立った。

　1972年から建築家の原広司が東京大学生産技術研究所原研究室
で始めた世界集落調査もこのデザインサーヴェイのひとつであり、
第1回（1972年）地中海地域から10年間の間に中南米、東欧、イン
ド・ネパール、西アフリカと5回にわたる集落調査が行われ、各回
の調査は『住居集合論』（I～V、鹿島出版会）や『集落の教え100』にま
とめられた。山本理顕も初期の集落調査に参加している。その後世
界集落調査は藤井明によって引き継がれ、筆者もこの調査に加わっ
た一人である。現在では世界遺産や様々なメディアを通して世界中
の驚くべき住まい方が伝えられているが、実際に集落を訪れて感じ
るのは、集落毎に固有の形態と空間の力強さである。どの集落や都
市も、その場所で調達可能な材料と構法を用いてつくられるので
「風土的建築（ヴァナキュラー）」と呼ばれもするが、それ以上に長い

時間をかけて緻密にデザインされた風景に出会うのだ。近代的な機能と合理性の総和としての風景とは無論異なるが、ルドフスキーが言う様に「驚異の工匠」つくる構築物だけではない意匠の存在を感じるのである。広義で捉えるなら、それぞれの集落風景には「見え

左／写真14　バーナード・ルドフスキー「建築家なしの建築」・表紙
右／写真15　東京大学生産技術研究所原研究室「住居集合論Ⅰ」・表紙（写真：東京大学生産技術研究所原・藤井研究室）
下／写真16　イエメンの集落（写真：東京大学生産技術研究所原・藤井研究室）

2　住宅

ない建築家」が宿っているのである。

〈虚〉のビルディング

　住宅というビルディングタイプにおける中、分類として集合住宅
と独立住宅を挙げたが、上記の様な理由で第3の中分類「集落」を
挙げても良いのではないかと思う。標準化ではなく、住宅の多様性
を担保する項目として、集落は「見えない建築家」がつくり出す、
いわば<虚>のビルディングタイプである。しかし、集落が多様で
あるからといってそれぞれの集落が全く独自の経緯によってつくら
れてきたかというとむしろ逆で、集落内の住居相互、集落景観相
互、時には全く異文化の遠く離れた集落相互にも類似と差異の構造
を見いだすことができる。原広司の『集落の教え100』の中の一説
でも差異と類似のネットワークについて言及されている。

　　19 差異と類似
　　集落のあいだで、建物のあいだで、部屋のあいだで、差異と類
　　似のネットワークをつくれ。

　遠く離れた場所で、全く異なる文化のもとにつくられた集落で
あっても、いくつかの棟が囲むことで中庭が生まれ、日干し煉瓦を
円形に積んでいけば円筒形の小屋が立ち上がる。集落を構成する住
居は家族の住処として互いに似た姿形になることがある一方で、同
じ場所で同じ材料を調達して住居が作られても、その間取りや佇ま
いは住人の個性を反映して一棟ずつ異なるものになる。集落の風景
は誰か特定の個人が決定するわけではないにも関わらず、こうして
美しい集落景観をつくる。その場所で暮らすコミュニティの営み
が、自然と人間とが調和する様として形象化するのである。住宅と
いうビルディングタイプがそうして集落や都市の文化を見事に表象
するのは、まさに「見えない建築家」の仕事である。
　近代建築運動の中心的な存在であったル・コルビュジエが「五原

写真17　ムザッブの谷・ガルダイアの集落（アルジェリア）（写真：東京大学生産技術研究所）

則」を提唱する一方で、こうした集落から多くを学んでいた話もよく知られている。「サヴォア邸」に取り掛かっている最中に関わっていたアルジェの都市計画「オビュ計画」（1930-1931年）のためにアルジェリアを訪れた彼は以後、数回にわたってアルジェリアの砂漠の中の集落、ムザッブの谷を訪れ、多くのスケッチを残している。コルビュジエ後期の名作「ロンシャンの礼拝堂」（1955年）やチャンディガール都市計画（1950年代）の中に、ムザッブの谷から影響を受けたモチーフや荒々しいマテリアル、光の取り入れ方などが見られる。

住居の美学、その起源

　考古学の知見によれば、発見されている世界最古の住居の痕跡は40万年前のものであるという。南仏ニースのテラ・アマタ遺跡から発掘された楕円形平面の掘立小屋は我々ホモ・サピエンス以前の旧人類の時代に人はすでに住居に暮らしていたということを示唆するものである。人類史として文字が発明されたのが約6000年前と

言われているので、文字文化よりも遥か昔から住居が存在していたことは考古学的な事実として間違いないだろう。霊長類の言語の起源についての議論と同様、住居の起源を経験主義的に結論づけることは難しい問いであろう。我が国においては、旧石器時代に日本列島に大陸からホモ・サピエンスが渡ってきた時点ですでに住居を建築する文明段階だったかもしれない。約1万6千年前から始まる縄文時代に竪穴式住居が普及して以降、紀元前10世紀頃水稲農耕を行う様になる弥生時代に入り、住宅もどんどん高度な木造技術が導入され得る様になる。高床式、寝殿造へと日本の住居は中国からの技術の伝来と国内での醸成を繰り返しながら進化をしてきた。古典文学の中にもその舞台となった住居の記述もあるが、「最も古い住居論」とも呼べる文学作品は、鎌倉時代初期（1177年〜）に鴨長明によって記された随筆「方丈記」である。相次ぐ自然災害や遷都によって混乱の時期にあった京から隠遁した彼が終の棲家としたのが方丈庵である。方丈とは一辺が一丈四方（約3メートル）のとても小さな方形の空間で、当時中国から伝わった禅宗にまつわる故事などから俗界から離れて住む小庵も方丈と呼ばれていた。

　　行く川のながれは絶えずして、しかも本の水にあらず。よどみに浮ぶうたかたは、かつ消えかつ結びて久しくとゞまることなし。世の中にある人とすみかと、またかくの如し。（鴨長明『方丈記』青空文庫より引用）

　京で新古今和歌集の編集に携わっていた長明が記した散文は、和漢の多くの書物の引用によって構成された文学作品として書かれており、その意味でも「方丈」が単に牛車でどこにでも運べる機能性にとどまらず、「最小限の空間が極大の精神的な広がりにつながる」という禅に通じる美学が込められている。枯山水や利休の草庵につながっていく「住処の美学」と言えるだろう。
　20世紀後半、ポストモダンの旗手として活躍した建築家・黒川記

写真18 黒川紀章／中銀カプセルタワービル（左）、室内写真はカプセルのひとつを移設（右）

章は都市の建築は生々流転していくもの、新陳代謝していくものだと主張するメタボリズム・グループの中心的なメンバーであり、その代表作「中銀カプセルタワービル」（1972年）はコア構造体に最小限で居住するカプセル状の部屋が交換可能な構造で鈴なりに取り付けられた異形の集合住宅である。ベッド、エアコン、冷蔵庫、テレビ、ラジオ、電話などがコックピットの様にコンパクトに収められた住居の広さは10㎡（4m × 2.5 mm）。鴨長明の方丈に近い広さ（狭さ）である。モダニズムの新しいビルディングタイプとして、社会主義的理想から最小限、簡素、健康を住居に追い求めていたヨーロッパの建築家たちに対して、日本の住居の空間文化は禅宗由来の美学でありながら極小、質素、自然との繋がりを求め、両者は重なり合った。そこに幸福な文化の衝突があったと言えるだろう。ナチス政権を逃れて来日した折に、その衝突を目の当たりにして桂離宮を「再発見」し、世界に伝えたのは、ドイツの建築家ブルーノ・タウトであった。

以上述べてきた様に、住宅は建築の最も古い、いわば文明よりも古いビルディングタイプである。公と私の制度や境界を決定づける社会生活の重要な単位をなし、かつ人の内面世界、精神文化に触れるビルディングタイプである。

3 現代住宅の諸相

住宅の溶融

　先にも述べたように、近代以降現代に至るまで、建築家にとっては住居こそがビルディングタイプの基底であった。しかし、デヴィッド・ハーヴェイがポストモダニティについて論じたような「社会的関心、知的関心の最も重要な焦点が倫理から美学へと変わり、イメージが物語を支配」する現代の状況は、建築家達だけに訪れたわけではない。乱暴で上から目線なモダニズムが淘汰され、「はかなさと断片化」が蔓延したのはむしろ生活者、私たちの社会の方かもしれない。住み方の自由を勝ち取り、誰もが情報の受け手だけでなく発信者にもなれる様になった21世紀の現在から振り返ると、20世紀後半の世界は、マスメディアからの一方的な発信を受け取り、大資本のエンジンによって洗練され、高品質に仕上げられたイメージや情報を通して選択肢を与えられ、最適解を選び取ることの抑圧とともに生きる世界だったのかもしれないと思う。この30年ほどの間に起こった情報コミュニケーション技術の急激な進化と普及によって、私たちの生活が大きな変化を遂げているのは言うまでもない。

　住居において、こうした変化をいち早く感じ取り、衝撃的に世に伝えたのは編集者の都築響一が1993年に出版した写真集『TOKYO STYLE』である。海外のインテリア写真に登場するようなコーヒーテーブルブックを模したハードカバーの本を開くと、服やCD、オーディオ、マンガ、ポスター、よくわからない雑貨やおもちゃなど、部屋の中に溢れかえるモノの光景がある。天井が低く、見通しもな

いような狭小の部屋は、都市で
暮らす人々の「プライベート
な」自己表現としての作品性す
ら漂う。テレビはあるが冷蔵庫
や洗濯機がない。かつて住まい
の三種の神器といわれた家電品
の場所は、「私の小さな宇宙」
にはない。代わりに家を出れば
コンビニ、コインランドリーが
あり、それで事足りる。家賃の

図19 都築響一「TOKYO STYLE」

高い東京の中心で暮らす「普通の人々」の生活スタイルがこうして
まとめられると美しくも恐ろしい光景にも見えてくる。ワンルーム
の木賃アパートは元来住まいとして計画されたものではなく、パー
ソナルなデスクトップの集まりとして機能しているのだ。住宅は、
毎日のように更新され、消費欲を刺激する都市のサービスの中に溶
融し始めている。

ソリューションとしての住まい

　ひとつの住宅を複数名、複数の家族で共有（シェア）する住宅の増
加も現代の著しい変化と言える。欧米では大都市で若者が住む際に
ルームシェアの文化が根付いて久しいが、日本では善かれ悪しか
れ、TOKYO STYLEに出てくる様な狭小なワンルームが都心につくら
れる文化があり、欧米の様に都心部の大きい部屋の家賃を払うため
に複数名でシェアする選択肢が育ってこなかった。住宅不動産の市
場の性格とも言えるが、同時に明治期から東京などの都心に上京し
てくる学生や労働者に対する住宅供給のスタイルとして木賃宿や共
同長屋などが建設されてきた経緯もあるだろう。近代都市の西欧化
と火災や震災、戦災からの復興を繰り返す中で、上京という生活様
式が空間的にも経済的にも醸成されてきた結果と言えるかもしれな
い。とはいえ2000年以降、急速に発達してきたシェアハウスは、家

賃分担など経済的な解決策としての選択肢だけが理由ではない。ひとつにはストック型社会への移行、もうひとつはシェアリングエコノミーの成長がシェアハウスの増大を後押ししたのである。

　大量生産・大量消費で経済的に成長を遂げてきた20世紀に対し、国際社会において持続可能な社会の構築に舵が切られたことを受け、住宅や橋梁、道路などの社会インフラをなるべく長寿命化することで、経済的な無駄を省くこと、そして環境負荷の低減への期待もできる点がストック型社会の目標とするところだ。特に住宅は「空き家問題」が近年大変大きな課題となっており、リノベーションによってシェアハウスとして蘇らせるプロジェクトが増加している。

　また21世紀に入ってからのシェアハウス普及の背景には、この20年で急速に浸透したオンライン・コミュニケーションによるソーシャルメディアの存在がある。情報交換に基づく緩やかなコミュニティの機能を、住空間ではコモンスペースが果たす。様々なシェアハウスが生まれているが、それを新しい住宅のビルディングタイプと呼ぶならば、その計画の最も重要な部分は、コモンスペースの運営方法やソフトとしてのプログラムである。食堂やリビング、バスルームといったコモンスペースを利用するルールや、コモンスペースの環境を快適に維持していくための掃除やメンテナンスを共同で行う煩わしさと引き換えに、TOKYO STYLEに出てくる個室化した生活―過剰な消費社会の生活にはなかった住人同士のコミュニケーションの機会が加わる。

　こうしたシェアハウスの進化を後押ししているのは「シェアリング・エコノミー」と呼ばれる現象である。個人が保有する遊休資産の貸出しを仲介するサービスであり、資産には特技やスキルの様なソフト的な資産も含まれる。遊休資産の活用によって借主は所有することなく利用ができるメリットがある。ソーシャルメディアの特性である情報交換に基づくコミュニティの機能を、貸し借りに求められる信頼関係の担保として活用することがシェアリング・エコノミーを成立させるポイントであり、カーシェアリングやUber、

Airbnbに代表される様に、グローバルに成長したサービスはICTプラットフォームを活用して爆発的に浸透してきた。こうしたサブスクリプション型サービスの成長とともに、「所有」から「利用」への生活意識の移行が進む中で、「住宅の溶融」はさらに進行していくであろう。経済的な生活の中では、もはや住宅はビルディングではなくソリューションなのである。

ビルディングタイプとプレイスメイキング

　2009年に建築家の西田司と中川エリカ（オンデザイン）が設計した集合住宅「ヨコハマアパートメント」は、こうした「所有」から「利用」へ移行していく社会において、コモンスペースを周辺の近隣空間へ開いていくことで、賃貸アパートというビルディングタイプ

写真20　西田司＋中川エリカ／ヨコハマ・アパートメント

に新しい可能性を示した。横浜の住宅地に建つ4戸からなる小さな集合住宅で、周辺の道路に開放された天井高さ5mの広場と、広場から4つの階段で個別にアプローチする2階部分の住戸でできている。広場と呼んでいる半屋外の空間は水まわりや床暖房が設置され、アーティストの制作や住人、地域のコミュニティスペースとして活用されている。シェアハウスの枠組みである〈個室――リビング・キッチン〉、一般的な集合住宅で見られる〈住戸――廊下・EVホール〉というという占有―共有関係を中間的なスケールにずらすことによって、近隣とのパブリックな関係を創造的に構築している。その意味で「ヨコハマアパートメント」の広場は、山本理顕の言う「閾」空間として機能していると言えるだろう。当然、空間の形だけで理想的なコミュニティが生まれるのではなく、5m高さの半屋外広場を魅力的な近隣空間へと育てていく住まい手（アーティストや建築家、編集者たち）の緩やかな合意と働きかけがあって、場所は近隣空間の中で存在感を発揮していく。住民になるということはその場所のプレイスメイカーになるということだ。それはシェアハウスの内部でも同じ。建築計画学的にビルディングタイプを捉えるだけではカバーできないプレイスメイキングによる社会のデザインが、市場原理で閉じ込められたプライバシーに孔を穿つのである。

移ろいゆく社会のためのビルディングタイプ学

　以上、住宅というビルディングタイプについて、その機能・構造的な観点から、集合住宅と独立住宅の成立過程と1970年代以降のポストモダンの時代における問題構制の変遷を見てきた。社会への普及の段階であった近代と、ライフスタイルの多様性に合わせて分化していくポストモダン期、文化としての住まいという視点による住まいの起源への探求。住むことの美学の追求が芸術的実践の中で洗練に向かう一方で、住むことに内在する制度的な限界とそれを乗り越えるためにコミュニティの力を住宅に取り込もうとする思想、

そして住宅概念の溶融から、プレイスメイキングによって住居とコミュニティを再び繋ごうとする潮流まで、住宅のビルディングタイプをめぐる状況について概観できた。大きく捉えれば、20世紀において住宅というビルディングタイプが掲げていた課題は、供給者の側から使用者の側へと中心が移行していった歴史であると言えるだろう。ビルディングタイプのフォーカスを住宅から広げてみると、公共建築やオフィスビルのビルディングタイプも専門的な施設構成を核としながら時代の変化、ニーズの変化に対応してきており、さらに近年では施設を供給する側の政府や企業の論理から、施設を利用するエンドユーザーの多様性、さらには施設の機能変容にどれだけ柔軟に対応できるかという観点から、施設を含めた事業デザインが求められる時代になっている。住宅のビルディングタイプでは、住居とその近隣を含めた「住まい方」の多様性に合わせて、「機械」ではなく「生命体」のような近隣、あるいは「地域社会圏」が課題となり、一方、施設のビルディングタイプは、プロジェクト毎に異なる社会ニーズや都市戦略の事業性に合わせた複合施設として進化を止めることはない。オフィスも学校も図書館も博物館も劇場も、みな同時に広場であること、公園（オープンスペース）であることが求められるような時代になっている。広場やオープンスペースは、逆に多機能性や事業性を求められ、さらには土木インフラの役割も担うことが要請される時代である。20世紀が階級的集団から個人の多様性への対応が求められた時代であったとすれば、21世紀は個々人の移ろいゆく気分や状況、それらが化学反応を起こしながら生成変化する社会の様相に対して、建築はいかに多機能化や機能複合によって貢献できるかという課題に移り変わってきている。空間とそこで行われる行為との関係は、常に変化し開発を加えられていくものである。その意味では現代こそまさに、ビルディングタイプ学が広く生活者の側に求められるべきなのだ。住宅というビルディングタイプが辿ってきた歴史と同様に、私たちが求める社会にとって、ビルディングタイプはまだまだ多様性が足りないのかもしれない。

執筆協力：今津寛知、堅田千尋、川端梨紗子、田中惇、不動栞里、山田千彬、朴相修

p40 写真2・3、p46 写真9、p55 写真18、p59 写真20　撮影：五十嵐太郎

ビルディングタイプ「学びの現場から」

「初めての人のために、社会デザインと空間デザインが初めて一緒に取り組んだ、ビルディングタイプを学ぶ初めてのテキスト」それが本書のコンセプトである。本章では、ビルディングタイプが実際に教育の現場でどう学ばれているか、実務でどう生かされているか、さらにはビルディングタイプがどのように変容してきたかを、実際に教育、建築の現場で活躍する槻橋修氏と五十嵐太郎氏へのインタビューを通じて、わかりやすく紐解いていく。

ビルディングタイプの学び方と使い方

槻橋 修

建築家（ティーハウス建築設計事務所）
神戸大学大学院准教授

インタビュアー：髙宮 知数

ビルディングタイプという教科書用語は、存在しない

——槻橋先生ご自身は、京都大学の工学部建築学科で建築を学ばれたのですが、建築学科に入学前に「ビルディングタイプ」という言葉はご存知でしたか。

　まったく知りませんでした。大学入学後も建築の教科書用語として「ビルディングタイプ」という単語は使わなかったし、それは今も同じです。「施設の種類」という言い方をしますね。ビルディングタイプは歴史や批評の用語として広まった感があります。ビルディングタイプという言葉に最初に触れたのは、学生時代に19世紀の建築史を学んだ際でしょうか。西洋建築の近代化が始まったときに、銀行建築は新古典で、議事堂がゴシックリバイバルといった、時代ごとの様式を引用して巨大な建築のファサードをつくったのですが、その傾向を指してビルディングタイプと呼んでいたと記憶しています。そのときには、プランを指してではなく、装飾や形式を指してビルディングタイプと呼んでいた、いわゆる歴史主義の時代ですね。

——建築学の中では、19世紀の建築史を学ぶ際に初めてビルディングタイプという言葉が出てくるということですね。

　言葉はそうですけど、ビルディングタイプと定義されるべき施設の型は、大学で設計を学ぶカリキュラムの中で昔からあります。図書館だったり、美術館だったり、劇場、公園といった設計課題が毎回出され、それぞれのタイプを学んでいきます。同時に、建築計画という講義で各建築タイプの歴史を一通り学びます。

——今伺った建築計画というのは学部で習得する内容ですよね。大学院に進んでからはより詳細に学ぶのですか。

　建築計画学といっても範囲が広いですから、学部で学ぶのはレビューのようなものですよね。大学院では、より専門的に深掘りしていきます。僕は大学院（東京大学生産技術研究所原広司研究室）では「建築計画学第6」という建築と都市の関係、建築と集落の関係を数学的に見るという異色の計画学を専攻していました。

——ということは、たとえば大学院で構造分野などを専攻すると、ビルディングタイプは学ばないこともありますか。

　おそらく学ばないかと思います。学部で学ぶか、あとは一級建築士の資格を取る際に受験勉強として学ぶかですね。

『コンパクト建築設計資料集成』の全ページに目を通す

——槻橋先生は今、神戸大学で准教授を務めていますが、そこでは建築計画学の中でビルディングタイプを教えているのでしょうか。

　そうです。1年生・2年生を対象に施設のタイプを教えています。

僕がテキストとして使用するのは日本建築学会が編集した『第3版 コンパクト建築設計資料集成』です。2年生からは設計課題の実習も始まるのですが、『コンパクト建築設計資料集成』は現代のビルディングタイプが網羅されていて、なおかつ学びやすいように編集してある、建築のインデックスのような位置付けとして活用します。

——1・2年生向けに、実際に授業ではどのように教えているのですか。

まず、『コンパクト建築設計資料集成』を教科書として購入してもらって、これは一生使う本だからと全ページをめくることをコンセプトにしています。この本はビルディングタイプだけではなく、前半部分は製図の描き方や図面の読み方、模型のつくり方、単位空間の寸法体系などが書いてあり、後半部分がビルディングタイプの解説という構成になっており、体系的に学ぶことができます。

——建築学の実用書という位置付けですね。槻橋先生の授業では、ビルディングタイプは掲載の順番通りに進めていくのですか。

『コンパクト建築設計資料集成』は辞典のようなものなので、どこからでも読むことができます。図書館の設計課題と時期が重なればなら、図書館の章を活用するという方法です。

——その際、具体的にはどのように教えていくのでしょうか。

まず最初に『コンパクト建築設計資料集成』を全ページめくりながら、何が書いてあるかを解説していきます。公共図書館は一般市民向けなので、誰でも利用できる。だけど、利用する側だけでなく、どう運営するか、どうサービスするか、そのために管理部門な

どの裏方がどれくらい必要かなど、多面的に教えていきます。それは、図書館に限らずどの施設でも同じです。

――ビルディングタイプによって、ある時期に大きく変化することがあります。例えば小学校などがそうですが、地方のトラディショナルなつくりの小学校で学んだ学生と、平成に建てられた都心の先進の小学校で学んだ学生では、経験値に大きな差が出てくると思いますが、いかがですか。

そうですね。僕の授業では90人ぐらいの学生がいます。学校のビルディングタイプを学ぶときには、まず最初に「自分の学校にオープンスペースがあった人」という質問をするのですが、大体4分の1から3分の1の学生が手を挙げます。アカデミックな観点から、新しいスタイルが取り上げられがちですが、先ほどの図書館と同じように、実際に運用するには教員の考え方や能力といった人的パワーが必要になるわけで、それは教育行政にも関わってくる。なので、まだまだトラディショナルなつくりの小学校が多く、新しいスタイルもそこまで普及していないかもしれません。

――実際の授業の中では、『コンパクト建築設計資料集成』に載っているトラディショナルなタイプから、変化したタイプまでを網羅するわけですか。

もちろんそうです。まだ何も知らない学生に教えるので、まず基本的なテクニカルな部分を教えて、その上で現在の潮流の中で、こんな変化をしていきているよということも説明します。

――この1冊を1年かけて教えていくのですか。

いえ、もともと1冊を半期で学んでいたのですが、現在はクォー

ター制になったので8回の授業で1冊の後半（施設のタイプ）を一通り学びます。かなり駆け足ですが、授業の中でマスターするのではなく、2年次以降の3年間にわたって課題に取り組んでいく中で毎回これを見て学ぶ、いわば自習ができる能力を身に付けられるよう教えていきます。

ページを丸々トレースする。手を動かし体で覚える大切さ

──その8回の授業で槻橋先生が一番学んで欲しいのは、どんなことでしょうか。

　ビルディングタイプとはかくあるべし、という話は建築の初等教育で強く言う必要はないかなと思います。構造分野や環境分野に進む学生もいるので思想的な偏りがありすぎるのもどうかと思いますので、こんな人もいますよ、こんなデザインもありますよと話しています。その中で、図書館や市役所、裁判所など制度としての施設の定義は抽象的ではあるけれど、その抽象的な仕組みは現実にマウントされて、そこでリアルに人がサービスを受けるのが大事なんだということをわかってもらいたいので、まず手を動かしながら考える授業を行っています。90分の授業で、最初の60分は学生と一緒にテキストを読みます。そして、最後の30分でトレーシングペーパーを配ってその日に学んだ範囲にあるページを丸々コピーしてもらいます。

──すべてを手描きでトレースしているんですね。

　手描きです。図面をフリーハンドで描いて、文字も解説文も大事だからそれも手で書いてコピーする。それには理由があって、そもそも『コンパクト建築設計資料集成』が初学者が設計力を身に付けるためにコピーすることを前提とした本であるということなんです。

本のサイズがA4なので、見開きでコピーするとA3サイズになります。それをトレースして勉強することを目的としているんです。ですから、1ページに入っている図面は同じ縮尺であることにこだわっています。最初は図面が小さくて何が書いてあるかを読めません。それを読み取れるようになるためには、よく見ることが大切です。すなわち、手描きで写せばよく見るじゃないですか。図面に引かれた線の太さや細さをどう描き分けているかを体で覚えなければいけないので、それを学んでもらうんです。

——書道の臨書と同じことでしょうか。

　その通りです。僕は、図面だけでなく文字やレイアウトも覚えてほしいなと思っているんです。実務において、施設の種別や設計者、建築面積、延べ床面積などの概要を図面に書きますが、その形式も学んでもらおうという意図があります。

——確かに、例えば図書館の書架が並んでいる小さな図面を漫然と眺めていても、それは学んでいるとは言えないかもしれませんね。

　小さな図面をよく見ると、書架も何列おきかに間隔が広いところ（通路）がある。そして書架の向きがどう変わるか、などを体で覚えてほしいんです。理由はあとから考えればいいんですよ。90人の学生に一度に教えることを考えると、トレースをしてもらうのが一番効果的な方法かなと思います。

——ビルディングタイプの知識を学ぶだけでなく、実際に図書館という建物として、どういう大きさの書架が並ぶのか、どんな壁ができるのかを8回とはいえ、続けることで体に入れていくわけですね。

　今、CGやCADを使う機会が増えてきて、教育の場面でも手描き

で図面を描くことが必須とは言えない時代になっています。3Dを使って、そこから考えた図面も評価しないといけない。そうすると、図面を提出する時に3Dをバスッと切って、平面図ですと提出する学生もいるんです。でもそれは違うよと。良いものが3Dでつくれるということは、前提として手でも描ける技術が必要なんだと伝えたいんです。フリーハンドでスケールをあたり、自分が考えるものをスケッチした上で3Dを使うならいいのですが、いきなり3Dから入って、回転してできあがったものをバスっと切って図面にするのは、設計として成り立っていません。計画というのは、大きな空間と小さな空間、それをつなぐ空間、出入り口や開口部の集合をどうやって組織化させるか、という学問です。そこには、細かな妥当性がそれぞれにあるわけです。病院を例にとれば、大きなホールがあり、事務方があり、裏方でいろいろなものがつながり、病棟にいくと小さな部屋が集合住宅のように並んでいるけど、中心にはナースステーションがある。これらは19世紀から20世紀にかけての医療サービスの組織化の歴史と連動して起こっているわけです。この先AIによって変わってくるかもしれませんが、このベーシックな部分を知っておかなければ、その先の提案もできないわけです。

『コンパクト建築設計資料集成』は初学者のための教科書

──『コンパクト建築設計資料集成』を使って、大学で丸々授業をするのは珍しいケースではないですか。

　確かにそうですね。多くの人はこの本は買ったけど、必要な部分だけをかいつまんで活用するのが多いと思います。実際、読まないんです、みんな。現在の『コンパクト建築設計資料集成』は第3版で2005年に改訂されたものになりますが、僕はその編集に携わったので何を伝えたいかがわかるんです。僕が担当したのは住宅編ですが、どういうテーマで、どんな順番で、どんな物件を置くべきかを

コンセプチャルに考えました。そういう編集意図も伝えたい。

——槻橋先生が担当した住宅編に関しては、どんな意図で編集されているのでしょうか。

　まず住宅が日本中でどれくらいつくられているか、というベーシックな計画概論があります。現在の家族のあり方などのデータをもとに、どんな生活空間が求められているか。現代住宅の課題を6つの観点で13の課題に整理しました。都心居住、敷地に対してコンシャスになる、中庭や吹き抜けをうまく使って住む、空間を外に開く、住まい手が多様化する、流動的な空間、空間構成を面白くする、ランドスケープと一体化する、構造・工法が特殊なもの、環境性能に対するこだわり、記憶や象徴としての住宅などで分けて、それぞれの事例を割り振ったというかたちです。

——『コンパクト建築設計資料集成』を用いて、初学者向けにベーシックなビルディングタイプを学ぶこと以外に、複合化やリノベーションなど、いわゆるビルディングタイプではないものの、現代のキーワードとして求められているものは、どう学んでいけばいいのでしょう。

　複合化でいえば、美術館と魚市場が一緒にあるといったありえない組み合わせが起こりうるのが現代都市だというのが、レム・コールハース以降の考え方です。公共のプロジェクトですら、採算性が重要視される世の中になってきているので、従来のビルディングタイプで片付くというわけではありません。では、複合化したビルディングタイプを網羅的に学べるものがあるかといえば、ないと言っていい。けれども、美術館と魚市場が一緒になっていますという時点で、美術館というタイプと魚市場というタイプが前提にあり、それをミックスすると何が重ねられて、何が個別化できるかを考えればいいだけの話なんです。その結果出てきた空間の知恵が

100個あれば、それが新たな「学」になると思うのですが、まだその「学」は生まれてないですね。

『コンパクト建築設計資料集成』はプロも活用する

——槻橋先生自身が建築設計を行う中で、ビルディングタイプを意識した視点で考えることはありますか。『コンパクト建築設計資料集成』のような本を槻橋先生自身、今でも活用されているのでしょうか。

　設計は基本的にトレースから始まるので、それは初学者だけのものではないんです。建築というのは、すべてのプロジェクトが必ず初めてなんですよ。住宅でも施主も建築条件も毎回違いますし、大きな劇場をつくるといっても、一生のうちに劇場しか設計しないという人もほとんどおらず、大抵の人は初めての経験です。だから、僕らは公開されている資料はなるべく取り寄せ研究します。だけど、空間の広さやシークエンスの場面展開などは、実施設計の細かな図面ではなく、『コンパクト建築設計資料集成』に載っている500分の1や1,000分の1の図面で設計できるわけです。『コンパクト建築設計資料集成』で研究できることは、実はとてもたくさんあるんです。

——では、実務でも使っているということですか。

　はい、使っています。

——ビルディングタイプについても実務で意識することはありますか。

　あります。2019年に「神戸市立 北神図書館」をつくったのですが、図書館というビルディングタイプが守りたいものに加えて、図書館というサービスタイプを意識しました。図書館はサービスを受ける人全員が独立していて、しかも無料なので多くの人数に対応し

なければいけない施設であるため、管理運営する側が相当身構えざるを得ない。例えば図書館の仕組みを変えるのが大変なのは、不測の事態に運営側が対応できるかを考えなければいけない。僕らが手がけた図書館はショッピングモールの中に入ることが決まっていて、モールの共用通路を挟んだ約1,000m²の空間でした。通路の反対側には半屋外の大階段が広がっており、光が入ってくる環境だったので、通路に面した壁は像が適度にゆがむ型板ガラスにし、通路側のガラスに沿わせてベンチシートをつくり、図書館の外でも本を読めるようにしましょうと提案しました。共用通路の面積を図書館が半専有するかたちなんですが、幸い同じフロアに商業施設がなかったため実現できました。ここでは、本を読むだけでなく、買い物途中の方が休んだり、飲食もできるので、図書館の中で勉強していた受験生が、通路側のベンチシートでお昼ごはんを食べることもできるようにしました。つまりそこで過ごす人がファサードになる図書館をつくりましょうと提案をしたわけです。この条件を勝ち取ったからこそ、閲覧室や学習スペースなどの空間配列についても、普通の図書館ではありえないプランを提案できました。

——先ほど伺った複合化のお話にも通じるのですが、図書館とショッピングモールという機能別に形式を分けると、片方は図書館、もう片方は商業施設になりますが、それが入り混じったところに、図書館と商業施設に求められる機能とはレイヤーが違う「賑わい」や「居場所」といったものが入ってきます。それを成立させるためには共用通路の管理の仕方などのルールに落とし込まないといけない。賑わいや居場所といった抽象論だけではなく、現実の建物の設計を考える上での複合化を考えないといけないですよね。

　ビルディングタイプというのは、あくまでも建築という概念の上での意味で、施設の外側と箱の外側が合致するところにあるわけです。図書館というアプリケーションにアクセスすると無料で本が借

りられるという機能として捉えることができるものです。それが、図書館と商業施設がくっつくとどうやってWin-Winの関係になるかという計画を立てる上では抽象的なレベルでもできるのだけど、現

神戸市立北神図書館・共用通路

実のスケールで新しい暮らしとしてWin-Winになるためには、単にタイプで語るだけではなく、単位空間などの細かい部分に進んでいかなくてはならないんです。ビルディングタイプで考えることが無駄だというわけではないのですが、そこから新しい可能性を感じさせる建築設計としてのスケールがあるということです。

ビルディングタイプを知ることで、ビルディングタイプを脱却できる

——建築を学ぶ人以外がビルディングタイプを知ることでどんなことができるのかとお考えですか。

　ビルディングタイプを知ることで、ビルディングタイプを脱却できるというのが一番大事なことだと思います。ビルディングタイプをもう一度再編集して、現代都市の中で必要なサービスや空間をつくるためには、ビルディングタイプをしっかり知っておくことが大切になります。何が今のビルディングタイプの課題かを把握しておくことで、どうすれば新しくなるかが見えてくる。誤差がなくなってくるんです。ビルディングタイプを知らずに、行政が「街に文化施設をつくるなら図書館がいい」とか「いやいや住民は小さくてもいいから劇場がほしいといっている」といった論争していても意味がない。例えば、図書館の中に住民が必要と思っているパフォーミングスペースのある施設をつくれば、新しいビルディングタイプにつながっていくんです。現在もビルディングタイプを理解している

行政担当者は、こういった計画をし始めていますが、もっともっと広がっていかないといけないですね。

——これは幸福な例だと思います。多くの場合、クラシカルな図書館をつくりたいという行政と、もっと柔軟な考えを持った建築家、さらには「図書館というよりもっと居心地のいい場所がほしい」といった抽象的な意見を持った住民たちの声が入り混じって、ワークショップを開いたものの結局設計に落ちないということがあります。住民側がビルディングタイプを知ることで、建築家がものを考えるってこういうことなんだなと議論の共通言語を持てればテーブルの距離が近づくと思います。

　住民の方々が社会学的にビルディングタイプを捉えながら、自分たちの文化の中心施設を考え実際の設計に参加したら、もうそれは半分建築家になっているようなものです。ここの本棚は何色にする？といったプロセスにも参加したら楽しいわけですよ。さらに、ただの好みで色を決めるのではなく、コンセプトがこうだからこの色になるよねとなれば建築家だって楽しい、みんなが楽しいプロジェクトになるんです。そういう意味で建築家的プロセスをみんなでシェアできるのは大切だと僕は思います。

——よくある例として、行政から建築家が指名されて、敷地ありき、プロポーザル案ありきでワークショップが開かれる。もちろん住民の意見を聞く機会があるのですが、「図書館とはそもそもこんなビルディングタイプなんですよ」と市民が学ぶ機会は意外とないですよね。

　僕が手がけた図書館にも、別の行政地区で進んでいる図書館のプロジェクトが見学ツアーに来たことがあります。住民の方々には「図書館はこうあるべき」といったクラシカルな意見を持った方もいらっしゃったようでしたが、そこで実際に新しいタイプの図書館

を見ると「あの照明はすごくいい」「ホテルのように雰囲気あって素敵だ」となるわけです。その部分についてはスムーズに合意形成が進む。体験することは大切で「こういうものもありだな」と理解が深まっていきますよね。

——槻橋先生として建築分野以外の人に、本書を読んでビルディングタイプを学び考えるにあたって、こんなところに気付いてほしいという点はありますか。

　大きな歴史的な目で見たら、ビルディングタイプはある時代の都市や社会の変化に必要なものとして出てきたものであって、どんどん変わっていくものです。それを重ね合わせていけば、私たちが暮らす都市環境がどういう風にできあがって、分化し変化しているかが見えるわけで、次の時代にどんなものが必要になるかが見えてくる。単に建築の専門知識ではなく、社会環境の変化を予測するための知識だと考えてもらえれば、新しい施設のニーズを発見して生み出すことも可能でしょう。

——タイムスケールを長い目で見てもらうために意味がありますね。

　ひとつの公共建築が計画されてから完成するまで、短くても5年、長いものなら10年かかります。それがニーズに合わせて変化していくのに20年、30年とかかるので、タイプとして見れば50年ぐらいで見ていくものかなと思います。

——多くの人にとっては、自分が生まれる前の世代のビルディングタイプを知って、今はこうなっている。さらに、この先50年でまた変わることもありうるという意識を持ってもらうのも大きいかなと思います。

たとえば、SNSが普及していますが、今後もっともっと普及していけば、近代化しメガ都市化した街だけを見ているのではなくて、中世的なコミュニティ、集落的な空間がどんどんニーズとして出てきて、それが重なり合ったものがメガシティになるのであって、近代的な一括管理された都市は影に潜んで見えなくなるはずなんです。だから、100年前のビルディングタイプを見ておくと、20世紀では通用しなかったものが、逆に今通用するようになってくる世界になるかもなと思います。

──どうしても30年前程度のビルディングタイプを、近視眼的に絶対的なものとして見る人が多くて苦労していますが、それを100年単位で見れば、過渡期でしかないことに気付くことができますね。それを共有するためには、建築系ではない人にビルディングタイプを知っていいただくことには意味があると思います。

　その通りですね。

一般の方にも「建築学」は開かれている

──では、建築系ではない人が本書を読んで「ビルディングタイプって面白いな」と思って、次に読むとしたらどんな本がありますか。

　やっぱり『コンパクト建築設計資料集成』じゃないでしょうか。この本は建築家じゃない人が読んでも面白いと思っています。文章は長くないし、絵や間取りもたくさん掲載されていて、言いたいことがコンパクトに詰まっているんです。この本の一般の方の読者層を増やすのは、僕の使命かな思っています（笑）。隈研吾さんや坂茂さんも、この本から学んできてるのですから。名だたる建築家も憧れてきた建築についてのすべてが紹介されています。

——『コンパクト建築設計資料集成』の一般市民向け講座というのも面白そうですね。

　確かに、今はありませんからね。カルチャーセンターで一般向け建築講座にしても面白いかもしれません。あとは、図面を見ながら現地で実物を見学するのも面白いですよ。建築系以外の人でもすごく楽しいと思います。僕らも現地見学が一番楽しいし、設計者が解説する現地見学ほど贅沢なツアーはありません。

——最後に本書を手に取った、特に建築系以外の方へのメッセージをお願いします。

　本書のタイトルは『ビルディングタイプ学入門』です。一般の方にも門戸を開いたビルディングタイプの書籍として、とてもわかりやすく書かれています。この本でビルディングタイプに興味を持った方が、建築の大学ではビルディングタイプを専門的にどう学んでいるんだろうと、『コンパクト建築設計資料集成』を手に取ってみる。これを1冊読んだら、もう建築家の卵だと僕は思うんです。そうなっていけば、とてもいいかたちですよね。一般の方にも「学」は開かれているんだよと言いたいです。

資料
コンパクト建築設計資料集成（日本建築学会 編　丸善出版　2005年）

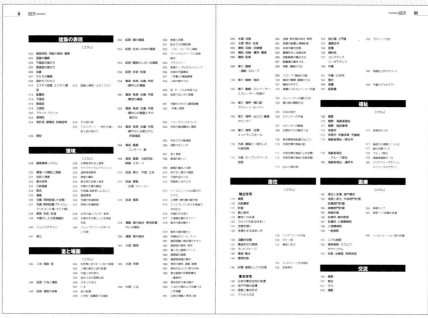

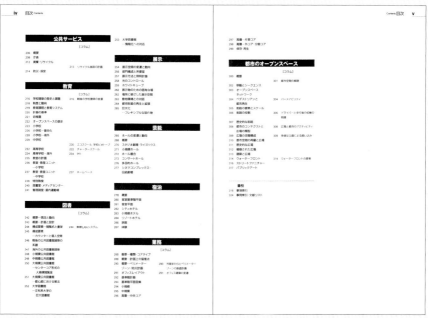

ビルディングタイプの変容について

五十嵐 太郎

東北大学大学院教授
建築史・建築批評家

インタビュアー：髙宮 知数

標準設計の必要性が、ビルディングタイプを加速させた

——本書の第1章で、五十嵐先生は「ビルディングタイプとは、建物の種類である」と書かれています。それは、形態や様式、時代や地域による分類ではなく、用途を軸にして分けられるということですね。

　ビルディングタイプとは何かを説明するなら、建築の世界ではそれが通説でしょう。一般的な認知度は、まださほど高くはないと思いますが。ビルディングタイプという言葉の初出は正確にはわかりませんが、基本的にタイプ、タイポロジーという考え方自体は近代以前からあって、かたちで建築を分類する意味で使われています。中世、さらに古代へと時代を遡ると、建築史の教科書に載っているのは宗教建築とか権力者の建物が主であり、建築家が芸術的な表現で設計していました。それが近代社会になると、図書館や美術館など、国家が提供する公共施設が登場するだけでなく、集合住宅や個人住宅も、建築家にとって重要な仕事とみなされました。さらに都市計画についても建築家が携わるようになるなど、建築家の社会へ

の関わりが増えて、建築物の種類も多くなってきたので、ビルディングタイプという考え方が語られるようになったと思います。

——ビルディングタイプという用語は、海外でも使用されていますか。あるいは和製英語なのでしょうか。

建築史家のニコラス・ベヴスナーが『A HISTORY OF BUILDING TYPES』（1976年）という書籍を出版しているように、用語自体は海外でも共通です。ちなみに、この本がそれぞれのビルディングタイプの歴史を初めて体系的にまとめたものではないかと思います。近代の社会では、国中のすべての自治体に、学校や役所などを同時期に、しかも数多く各地に揃えなければいけなかったので、標準設計という型が必然的に求められたわけです。

——ただ、型といっても、立地や気候など様々な条件があるので、まったく同じというわけにもいかないように思いますが。

基本的には、学校や団地などを急いでつくるという供給のロジックがまずあるので、それには合理主義的なモダニズムが適していたということです。その土地に合った建築を考えるのは、ポストモダン的な態度ですし、一通り充足した後の建て替え時になってきます。

——日本でいえば、明治期から戦後の学校や、高度成長期の公団住宅といったものが、急いで大量に供給する際に機能しました。

新幹線は、東京オリンピックに合わせて1964年に開通していますが、そのとき国鉄が新しくつくった新幹線の旅客駅は標準設計を採用し、ほぼ同じかたちをしていますよね。

社会が大きく変わるとき、新たなビルディングタイプが生まれる

──第1章では、「ビルディングタイプは社会を構成する要素である」とも書かれています。

　社会を切り分ける時に、建物の外で行われる活動はそう多くなくて、例えば、帰宅すれば「住宅」にいて、通勤・通学で「駅」を利用し、「学校」で学んで、「オフィス」で働き、休日には「公園」を散歩し、「百貨店」で買い物をするというように、場所や空間で過ごす時間によって人の生活は構成されています。これらが集合になれば社会になるわけです。都市の場合、まったく建築や場所と関係ない人間の活動はあまりないですよね。

──そうすると、ある生活様式や暮らし方が変わると、求められるビルディングタイプが変わるということでしょうか。

　どこまでドラスティックに変わるかだと思います。少々の変化であれば、例えば現状のオフィスビルも、家具のレイアウトを変えれば、そのままシェアオフィスとして使ってもいいわけで。働くという行為自体が100%テレワークに変わるなど、社会のシステムが根幹から変革されれば、ビルディングタイプも変わると思います。学校を例にとって考えてみると、戦後の早い時期の学校には、地域住民が使う部屋もあったりもするんです。その後、地域にコミュニティ施設が整備されると、学校は純粋に学校としてだけの機能になる。現代では、学校は再び地域に開いていくべきだと言われていますが、実は最初の頃は狙ったわけではないですが、そうだったわけです。結局、学校という箱自体は変わらなくても、微妙な社会の変化に対応していくことができているんです。

──住宅を例に挙げると、江戸時代には農家が主たる職業で、自宅

に農具を置いて、隣接した田畑で働いていました。さらに戦前には、自宅がそのまま仕事場になる自営業が多く存在した。8割以上が会社員で住居と職場が分離されている現代ではまったく形態が違います。

　そうですね。システムが根幹から変わったことでビルディングタイプも変わっていったと言えますね。

──住宅でいえば、和室がなくなろうとしていることは、何か影響が生まれると思いますか。

　相対的に畳の部屋は減っているかと思いますが、すべて和室がなくなってしまうかは疑問です。それよりも、靴を脱ぐという習慣がなくならなかったことが驚異的ですね。学校でも上履きに履き替える習慣というのは、世界でもあまりないのではないかと思います。ビルディングタイプとは言えないと思いますが、この生活様式が変わらないというのは、海外の人には驚くべきこととして捉えられています。数年前にフランスが企画した日本の現代住宅展のシンポジウムで興味をもったことがあります。フランスの建築家から見ると、日本の住まいは非常に前衛的なデザインであると。なのに、実際に訪れると、家の中では靴を脱いで、子供が床に寝そべっている。これは建築雑誌では表現されない部分です。彼らは前衛的なデザインの内部に前近代的な身体的作法が残り、同居していることに衝撃を受けたそうです。

ネットカフェは新しいビルディングタイプなのか？

──例えば、現代社会を象徴するものとしてネットカフェがありますが、これをビルディングタイプの視点からどうお考えになりますか。

そもそもビルディングタイプというのは、単一機能で外観をもっ
た独立した建築として基本的に考えられています。通常、ネットカ
フェはビルのワンフロアのように既存の建物の流用で成立してしま
うので、新しい現象ではあるのですが、まだ従来のビルディングタ
イプとは言いづらい。ビルという枠組に対し、新しいタイプのテナ
ントが出現したという現象です。ただ、シングルファンクションで
独立した外観という概念自体が、近代的なもので、そのまま変わら
ないものなので、複合化が進む現代には変えなければいけないのか
もしれないですね。レム・コールハースの『錯乱のニューヨーク』
（1979年）もそこを批判していた。あと、ビルディングタイプは、も
ともと国や行政が供給し、法や制度と連携して定義されていたもの
なので、ネットカフェは民間から出てきて、既存のビルに寄生しな
がら増えているという違いはあります。

――機能や様式ということでいえば、パチンコ店などもビルディン
グタイプと考えられますか。

　パチンコ店は、店内のレイアウトもほぼ決まっていて、経済効率
を追求すべく、かなり機能主義的につくられているように思いま
す。独特な外観に関しては、内部の機能とは切り離された看板建築
という特殊性もある。パチンコ店やガソリンスタンド、チェーン展
開する商業施設など類似したものが反復する建物は、ビルディング
タイプとして考えやすいと思います。

シングルファンクションから、複合化への流れ

――五十嵐先生は第1章で「脱近代としての複合施設」についても
書かれています。ネットカフェもそうですが、近代のひとつの機能
を持ったひとつの建物という定義では、現代のビルディングタイプ

を捉えられなくなってきていることへの課題の提起をされています。

　もちろん、現代の社会やメディア環境が変容しているという側面があります。それに加えて、日本の近代は、人口がどんどん増え、各自治体に学校や図書館、ホールなどの公共施設が次々と建てられました。一方で、少子高齢化が進む現代では、税収も減り、行政が公共施設を維持管理する体力を失いかけている。これは、国が誘導していることですが、公共施設を建て替える時に複数の施設を集約することに補助金を付けているんです。ばらばらに複数の施設を運営するよりも、まとめた方が維持管理のコストは下がります。例えば、ホールと美術館や図書館を複合化する。ホールと図書館を組み合わせれば、イベントがない時にも、施設に賑わいが生まれるというメリットも期待できます。

——今後、人口が減る中で財源を確保していくという中長期的な社会ニーズがある一方で、ビルディングタイプの観点でいえば、まだ使える建物を壊すという問題もあります。

　デザインも機能の優れた建物でまだ使えるなら、資産価値と経済性の面からそのまま使おうというのも、今の時代の考え方ではありますよね。一方で、この制度を上手に利用できないと、老朽化したホールを建て替える際に、まだ取り壊す必要もなかった地域の資産としての美術館が複合化の犠牲になってしまうこともあります。つまり、不用なスクラップ・アンド・ビルドを促進してしまう。各自治体のセンスが問われる部分がありますが、制度によって複合化が推進されているのが現状です。

——近代は、人口が増え、財源も増えるという前提でいたのが、まさに逆のシチュエーションになってきたときに、個々のビルディン

グタイプ論では乗り越えられない新しい解決方法が求められつつあるということでしょうか。

　そう思います。結局、現代の社会状況を反映したものから、新しいビルディングタイプのあり方が生まれるんですよ。

社会構造からビルディングタイプを考察する

――五十嵐先生は『ビルディングタイプの解剖学』(王国社、2002年)という本を大川信行さんとの共著で出されています。この本のように、社会や社会構造からビルディングタイプを考察したものはあまり見かけないですね。

　『ビルディングタイプの解剖学』もそうでしたが、思想家のミシェル・フーコーの著作『監獄の誕生』(1975年)に影響を受けた本は、海外で出版されており、いくつか読んだことはあります。建築計画学、あるいは教会、学校、病院、美術館など、個別の施設の歴史を論じた本はありますが、ビルディングタイプとしてどこまで考えられているかはそれぞれだと思います。

――空間デザインと、例えば幼稚園などの公共施設の制度などから見たタイプといった両面からアプローチしているものは少ないのでしょうか。

　もちろんないことはないのですが、ただ多いと言ってはいいのかはわからないですね。

――『ビルディングタイプの解剖学』を出されたきっかけとして、フーコーの著書『監獄の誕生』の影響を挙げられてましたが、ビルディングタイプを考える上で、どのあたりに一番刺激を受けたので

しょうか。

『ビルディングタイプの解剖学』は、今回『ビルディングタイプ学入門』で学校の章を執筆した大川信行さんとの共著ですが、彼がもともとフーコーとビルディングタイプに興味があったんです。僕もフーコーに関心をもつようになって、大学院のときによく議論を重ねていました。また当時、現代思想を読む読書会を開いていたこともあり、人文学系の議論と結びつくし、近代とは何なのかを考えるときにフーコーが『言葉と物』（1966年）で論じた「エピステーメー」の概念、すなわち時代における知の枠組といった認識は、歴史を勉強していると、相性が良いわけです。フーコーについては、空間の隔離の問題につながる「狂気の歴史」（1961年）からも影響を受けました。大川さんも僕も歴史の枠を使いながら、人文学系の議論と交差して近現代を考えられることが非常に面白かったですね。あとフーコーが唱えた「ヘテロトピア（混在郷）」も、最近、建築やアートで注目されていますね。

——書籍の中では、近代という時代に生まれた制度とビルディングタイプを深掘りして追いかけていますね。

もともとは建築批評誌の連載だったので、1回あたりの文字数がそれほど多くないため、各施設のテーマを絞って書いていました。例えば、病院の回では、衛生の概念と関連するのですが、建築の内部における空気の流れを切り口とし、新型コロナウイルスの流行にも関係するような話も取り上げています。そう言えば、フーコーの著書に、ペストが流行したときに、グリッドの区画によって住民の移動を制限し、隔離を実行したという話がありますが、伝染病の対策も、空間の問題なんですね。

——本書は建築に携わらない方にも読んでいただくことを目的とし

ています。行政が複合化を計画する際には、市民ワークショップが開催されることも多いですが、参加される方が本書から、美術館やホールの歴史やビルディングタイプを知っていただいた上で、財政面と合わせて考えてもらえれば話が変わってくるのではと思います。

　ええ、その通りですね。

実物を見て、考え、体験することの大切さ

――五十嵐先生は、大学で建築について教えていますが、学生に対してビルディングタイプをどう捉えてほしいとお思いですか。

　学生の卒業設計はビルディングタイプの複合が多いですね。何かと何かを掛け合わせると新しい提案になりやすいということもあります。図書館、美術館、劇場などを設計する学生が多いのですが、実際にあまり施設を見に行ってないだろうというものがあって、気になりますね。設計のネタとしてしか考えていない。もちろん、この本は読んでほしいですが、それだけでは全部わからない部分があるので、実際に自分でお金を使って、美術館に足を運ぶ、ホールで演劇やコンサートを見るといった経験とセットで、建築を理解してほしいですね。

――この本で興味を持ったビルディングタイプがあれば、図面だけではなく、実物を見て感じることが大切ですね。

　ぱっと見のデザインはカッコよくても、たとえば、図書館でいえば、まるで壁紙のようにしか本を置く空間を考えていないんじゃないかという設計や、美術館でも実際そこに作品がどう置かれてどう見てもらうかを考えていないなと感じることがあります。ただ、部

屋名に「ギャラリー」と書いているだけです。本さえ置けば、人が集まるとか、施設の意味が塾考されていない。やはり、そうなるのは実際に足を運んでいなかったり、利用していないから。本やネットの知識だけではなく、体験しないと理解できないので、とにかく実物を見ることが大切だと思います。施設を見るだけでなく、展覧会も見られるし、演劇などにも触れられるわけで、まったく損はないと思いますよ。

知識と体験は、セットにすることで機能する

——五十嵐先生は、学生の頃から国内外の建築に可能な限り足を運んで写真を撮ってきているじゃないですか。そこまでは無理としても、学生たちが実際の建築をなるべく見ようという意識は必要ですね。

　僕は東北大学で教えていますが、宮城県の塩釜市には「菅野美術館」という阿部仁史さんが設計した、特殊な展示空間のある美術館があります。建築を学ぶ大学院生の中にも、仙台からさほど遠くない建築的な意義も大きな美術館に行ったことがない人がいたのは、ちょっと衝撃でした。美術館という空間で作品がどう見えるかを体験した上でのフィードバックが設計にないから、言い方は悪いですが展示室をまるで物置のように考えているものもあります。

——ただギャラリーという四角が図面に置いてあるということですか。

　面積上、ただ作品が入れば良いのではなく、空間に引きがないと、作品をきちんと鑑賞できないとか、展示室にいきなりトイレのドアがあったりとか。ホールでも見やすい席、見にくい席があるとか。生の音が演奏される場と、録音を流すだけの場の違いとか。実

際の空間を体験していれば、自分でおかしいと思うはずです。『コンパクト建築資料集成』は基本的な知識を身に付けるために必読の本ですが、やはり知識と体験はセットで考えてほしい。こういう体験の積み重ねが、将来建築家になった際の能力の差となって必ずあらわれますから。

──建築を学ぶ上で、本や資料を読むことはもちろん必要ですが、同時に"実際の建築を読む"ことがとても大切になってきますね。

　例えば、美術館に行った上で、もう一度美術館に関して書かれた本を読むと、感じ方や理解が違ってくるので、本当に大切だと思います。

『ビルディングタイプ学入門』をどう読むか

──建築系ではない人にとって、この『ビルディングタイプ学入門』はどのような読まれ方をすると想像していますか。

　まず、この本で建築の面白さを知ってください、と思っています。建築には構造などの理系的な話もありますが、ビルディングタイプという切り口は生活の側面のどこかに必ず絡んでくるので、社会学、人文学的な面白さがあります。建築に興味を持った人の入口には最適ではないでしょうか。

──公共施設の建て替えなどの際に、市民ワークショップなどでそのプロジェクトに関わる可能性が誰にでもあります。構造や建設費が高い安いの話から入るのはハードルが高いと思いますが、そもそもこの施設は、この地域でどういう役割を担わせたいのかを考える入口としてビルディングタイプはわかりすいだろう、と五十嵐先生の話を聞きながら思いました。

ビルディングタイプの視点で映画を観る面白さ

――この本でビルディングタイプに興味を持った人が、その興味を広げていける参考となるものを紹介していただけますか。

　書籍としては、第1章でも紹介したミシェル・フーコーの『監獄の誕生』や、僕と大川さんが執筆した『ビルディングタイプの解剖学』などがあります。あとは、特定の施設を舞台にした書籍はいろいろ出版されています。さらに、本に限らず、映画を観るのもいいと思います。監獄を舞台にした作品は多いですが、例えば、うっかり監獄から外出させてしまう『グリーンマイル』(1999年) や、脱獄不可能とされた『アルカトラズからの脱出』(1979年) などは、パノプティコンと比較しながら、囚人と看守の関係を考えると面白いと思います。ちなみに、アルカトラズ島の監獄を見学したのですが、とても機能主義的で、ある意味で透明な空間でした。

――ビルディングタイプの視点で映画を観るというのはとても面白いですね。

　他にもシルベスタ・スタローンとアーノルド・シュワルツェネッガーが出演した『大脱出』(2013年) という映画は、ネタバレになってしまいますが、絶対脱獄できない監獄が、実は海上を移動する巨大タンカーだったというものです。ちなみに、歴史をひもとくと、代用監獄として船が使われたということもあります。『バイオハザードIVアフターライフ』(2010年) やアメリカのTVドラマ『ウォーキング・デッド』(2010年～) では、監獄に立てこもるシーンがありました。監獄は隔離する施設だけど、反転すると砦になるんです。

――なるほど、例えば図書館や学校がどう使われているかという視

点で見ると、ラブストーリーであっても別の見方が生まれるなど面白いですね。

　そうです。ビルディングタイプという切り口なら、本当にたくさんの映画やドラマがあるので、楽しみながら建築への興味を広げてもらいたいですね。
　最後に、ビルディングタイプは近代とは何かを改めて考えてもらうきっかけにもなると思います。政治や社会において、なんでもありになって、近代の底が抜けたような状況が起きています。もちろん、情報化が新しい時代をもたらした側面はありますが、一方で日本は主体的に近代化していなかった問題があります。近代的な施設は自ら獲得したものではなく、明治期に舶来の制度として西欧から導入したものです。その結果、入場者数さえ多ければ、それでいいという風潮も起きています。あるいは、表現の自由に対する基本的な理解もおかしくなっています。そもそも図書館や美術館はなぜ誕生したのかを忘れている、もしくは理解していなかったからです。だから、なし崩し的に変化するのではなく、近代を理解した上で、来るべき社会を考えるべきだと思います。

ビルディングタイプ 様々な「学びの現場から」

柿木佑介＋廣岡周平
(PERSIMMON HILLS architects)

そもそも機能とは「使ってみたいと思わせる能動的な欲望」と捉えています。例えば、ただ単に机とPCが並んでいればオフィスである、とは思っていません。むしろ資料を広げてみたくなる明るさがあるテーブルや、ふと目をやると緑や景色が見え、息抜きに体を伸ばしたくなる開放的な場所があって、時には過去の資料へと簡単に手が届くような場所といった具合に自分の欲望を掻き立てられる場所を我々は機能と呼んでいます。そうなると「住むとは何か？」「働くとは何か？」「美術と出会うとは何なのか？」など根源的な問いを学生と考えることになります。映画館や美術館とは慣習的にこういうものだ、とビルディングタイプから考えると、課題で要求している要綱をいかに満たすか、うまくさばくかということばかりに目が行きがちです。根源的な問いに向かうことこそ、建築設計を行う上で最も大事なことであり、この問いを考え続ける習慣は分野を横断しても有効です。資料集成や過去の案件はその場所での機能が何だったのかを想像するなぞなぞのようなものです。過去の案件を自分で言語化し、その機能を説明できた時、自分の身体性が拡張し、自身の設計にフィードバックされています。

坂口大洋 (仙台高等専門学校教授)

劇場とは都市における人が集まる場のデザインです。これは広場のデザインとよく似ています。

古代ギリシャ劇場、シェークスピアのグローブ座、イタリア中世のバロック劇場、プロセニアムが確立した近代劇場、沼ノ前神社組み立て式能舞台、ワインヤード形式のベルリンフィルハーモニー、黒テント。

歴史的にみても屋外空間で行われていたものが、室内化する過程の中で、様々な劇場の形式は発展してきました。表現を成立させる視覚的な論理（視軸）、劇場空間を支える技術（音響・照明・舞台機構）や仕組み（制度・ソフト・組織）が存在しています。

近年では、公共ホールの計画においてもハード・ソフトからの計画づくりが求められています。既存事例を分析する際にも両面からの視点からとらえる必要があります。

21世紀に入り創造都市論やサイトスペシフィックな現代演劇などが注目されるにつれて、新たな公共空間としての役割と可能性が期待されています。また多発する災害対応や縮退化する地方都市の社会包摂の場としても求められています。

アーティストと観客が身体を通して都市に関わる、広場＋αとしての劇場空間づくりがこれからの一つのテーマだと思います。

佐藤慎也（日本大学理工学部建築学科教授）

建築計画における考え方は時代によって変化するものであり、学生たちが実際の設計に向かう頃には、学んだ内容が古くなってしまうことが考えられます。また、限りある授業時間だけでは、すべてのビルディングタイプを教えることはできません。さらに現在では、既存の単一なビルディングタイプには限定できない、新しかったり、複合していたりするものも増えています。そのため、ある現実に対する応答として建築計画を教えることが大切だと考えています。新しくあらわれる現実に対して、どのように応答するかを考えられるようになること。そのための調査や分析の技術を獲得すること。それらが建築計画の目標と考えます。そのトレーニングとして、基本的なビルディングタイプのいくつかを、その変遷も踏まえて教えています。あるビルディングタイプは詳細にわたるまで狭く深く、あるビルディングタイプは多様さを示すものとして広く浅く、その両面を示すことで、単なる知識としてではなく、応用を可能とする考え方こそが重要であることを伝えています。その結果、実際の計画や設計の場面においても、そこで提示される現実への応答を図ることができるでしょう。また、その応答の前例として、『建築設計資料集成』などの文献が大いに役立っています。

仲隆介（京都工芸繊維大学デザイン・建築学系教授）

ビルディングタイプは、社会の成熟とともに、また、新しく起こる変化も取込みながら、そのクオリティを上げてきました。ところが、変化のスピードが早まり、ビルディングタイプはその変化に追従できなくなっています。その結果、これまで整理された人々の行動が実情と解離を始めています。設計とは、求められる行動を成立させる空間をデザインすることですが、過去のビルディングタイプの知識を鵜呑みにしていては、現代の活動をサポートする建築は生まれません。今後は、その都度、現状を分析し、その目的を見失なわないようにしながら新しい行動をデザインし、その行動を包み込む空間を創造しなければなりません。これは設計者だけでデザインできるものではなく、そこに生きる人達と共に慎重にデザインを進めることが必要です。これまで以上に現状把握の調査も重要になります。つまり、ビルディングタイプごとに整理されていた知識を自らつくり出さなければならない時代なのです。では現在のビルディングタイプを学んでも仕方ないのか。そうではありません。熟成されたビルディングタイプには、行動と空間の関係性に関するメタレベルの知識が見え隠れしています。マニュアルとしてそのまま使うのではなく、行動と空間の関係性に着目してそこにある隠れた構造を見つめることにこそ、ビルディングタイプを学ぶ価値があるのです。

西澤徹夫 （株式会社 西澤徹夫建築事務所）

　ビルディングタイプとして類型化された形式群は先人が積み上げてきた知恵であるとしても、それを建築の標準化や効率化に用いたのでは過去の類型を強化するに過ぎないと思います。そこから学ぶべきは、室と室の関係、寸法、配置などがなぜそうなっているのかを読み取り、かつ、それを疑うことではないかと思います。なぜ、は常に時代の要請であっただろうし、疑うことで、ビルディングタイプはアップデートされ、今度は時代に要請していく建築になりうるのだと思います。昨年竣工した京都市美術館と工事中の八戸市美術館に共通する形式は、収蔵庫まわりや搬出入口、展示室の高機能天井くらいで、あとはまったく違います。美術作品の収蔵と美術館の関係は、ある程度固定化していて、当分変わりそうにありませんが、そのほかにどんな室を加えるかや配置については、地域や運営の方向性によって大きく変わります。今のところ、この2つに参考となるビルディングタイプは設計資料集成にはありませんが、むしろ、これくらいには多様な選択肢が示されることが資料集成＝アーカイブとしての役割でもあると思います。

馬場正尊 （Open A／東北芸術工科大学教授）

　現在、異なるビルディングタイプの掛け合わせによって、次々にニュータイプが生まれている、という感覚があります。例えば、僕の事務所のコンセプトは「屋根のある公園のような空間で働く」。この場合、「オフィス×公園」です。両者は今まで、遠いところにあったビルディングタイプのはずですが、それが融合することにより現代の働き方にフィットした空間が生まれています。デジタルデバイスの進化や働くことへの価値観の変化に対応しているうちに、必然的にたどり着いた組み合わせです。

　ただし、近代都市を形成する既存のビルディングタイプを知る事はとても大切。その空間認識が僕らの設計の礎になっています。だから設計演習の授業では、集合住宅、オフィス、図書館など、基本となるビルディングタイプをしっかり学んでもらいます。その上で、それに何を組み合わせれば新たな空間を出現させることができるか、を問います。その順列や組み合わせなど、変数は無限にあるわけですから。

　歴史が積み上げてきたビルディングタイプに立脚しながら、そこから逸脱していく振れ幅をいかに楽しむか。意外なビルディングタイプ同士の組み合わせが未知の空間を生み出すかもしれません。

坂東幸輔（京都市立芸術大学講師／A Nomad Sub株式会社代表取締役）

過疎地域の空き家をサテライトオフィスにリノベーションした徳島県神山町でのプロジェクト以降、建築の計画段階から一緒に考えて欲しいという依頼が増えました。ひとつは空き家や廃校が増え改修する予算はあるがどういうふうに使ったらいいのか分からないので一緒に考えて欲しいという依頼、もうひとつはこれまでにない新しい施設を作りたいが前例がないため一緒に考えて欲しいという依頼です。過疎地域では商店街の空き店舗で1日だけの本屋を営業してみました、空き店舗が賑わっている様子がマチの人の想像力を刺激したようですぐに借り手が見つかりました。知的障害者の就労支援施設を設計した際は、これまでの作業所で行われているような部品の組み立てや箱詰めといった決められた仕事ではない、陶芸やシルクスクリーンといったものづくりを中心とした施設のあり方をクライアントと一緒に計画し実現しました。経済が成長していた時代は未来が読みやすかったのではないかと思いますが、人口や経済が縮退する現代の日本の状況は誰も経験したことのない時代です。予測のできない未来に耐えうる新しいビルディングタイプの発明が建築家に求められている時代なのではないでしょうか。

山﨑誠子（日本大学短期大学部建築・生活デザイン学科准教授）

ランドスケープデザインの授業では、ビルディングタイプというよりは、計画規模の順に授業を組み立てています。地域計画→街路計画→広場→公共施設→ショッピングモール、商店街→商業施設→オフィスビル→集合住宅→団地→病院→住宅のように大規模計画から住宅までということです。ランドスケープは街づくりなどの大きな目線のものと、住宅の庭のような小さな目線のものを扱うので、徐々に細かな目線へという流れで、計画の細部まで設計していくようにしたかったものですから。

設計製図の授業では、短大では2年卒業時に住宅設計ができる人材の育成を目指しているので、1年の必修授業では住宅しか設計しません。2年の設計製図授業は、選択となっていることもあり住宅よりも規模の大きい、公共系の施設の設計、最近は児童館や図書館が多いです。基本的に学生は自分の体験したものは、設計しやすいみたいで、例えば小学校は6年間も体験しているので、すっとやりたいこと、必要な居室が思いつくので進めやすいみたいですが、図書館のようなめったに（それでは困るのですが…）行かないところは頓珍漢な計画になりがちです。

［50音順］

3

オフィス
OFFICE

仲隆介

はじめに

　「オフィス」は知的に働く場である。そして、働く意味は、時代の変化とともに大きく変化してきている。その変化を受けて、オフィス環境とその価値およびつくり方（方法論）も大きく変化してきた。この変化のプロセスを経て、本章のテーマでもある「オフィス」というビルディングタイプは都市に融解しようとしている。本章では、このような時代の変遷とともにその重要性を増してきている「オフィス」を建築学的視点だけでなく、文化の居場所として、社会的・経営的視点も交えながら論じてみたい。具体的には、時代の変遷を以下の四世代に分け、第一世代（事務作業空間としてのオフィス）、第二世代（機能空間としてのオフィス）、第三世代（生活空間としてのオフィス）、第四世代（知的創造空間としてのオフィス）、それぞれの世代を社会環境、経営環境、空間環境の3つの視点に整理して考えてみたい。

	・オフィス環境		
	・社会環境	・経営環境	・空間環境
第1フェーズ -1950 作業空間 <small>としてのオフィス</small>	近代化 安全 生理的欲求	スペース効率	面積効率 管理
第2フェーズ 1950-1980 機能空間 <small>としてのオフィス</small>	働きやすさ	作業効率 ピラミッド型組織 日本的経営	作業効率 近接度 オフィスランドスケープ
第3フェーズ 1980-2000 生活空間 <small>としてのオフィス</small>	快適性	社員満足度 モチベーション	エルゴノミクス パーソナライゼーション
第4フェーズ 2000- 知的創造空間 <small>としてのオフィス</small>	イノベーション 自己実現 コラボレーション ダイバーシティ 百社百様	知的生産性 ナレッジマネジメント フラット型組織 投資対効果 ワークスタイルの民主化	ナレッジワー コミュニケーション アフォーダンス 変化・多様性・可視化 現場間・臨場感

図1　オフィスの変遷（オフィス学会資料に手を入れて作成）

第一世代（産業革命から20世紀：1750年〜1950年）： 事務作業空間としてのオフィス

社会環境

　第一世代は、産業革命以降、社会が近代化に向けて大きく変化した世代である。この世代に工場というビルディングタイプとともにオフィスビルが誕生する。家内工業の時代には家の中に同居していた作業の場と事務管理の場が、近代化のプロセスにおいて、工場とオフィスというかたちで独立した新しいビルディングタイプとなり、それぞれに大規模化していくことになる。

　オフィスの起源に関しては諸説があるが、オフィス専用のビルという視点であれば、イギリス東インド会社（1729年）が、オフィスのビルディングタイプの第一号であろう。貿易会社のオフィスで、膨大な事務作業を処理する人達が雇われ、上司の管理のもとで事務作業に従事していた。毎日オフィスに通って働くというスタイルが生まれたのもこの頃である。繁忙期には長い時間拘束されていたようであり、また、昇進することもなく同じ仕事に何十年も従事していたようだ。仕事のストレスという概念もこの頃に登場し、自殺する事例もみられた。オフィス空間に求められたのは、マズローの欲求

写真1、2　イギリス東インド会社オフィスロンドン
左／（写真：Museum of London/Heritage Images/Getty Images）
右／（写真：Davies/Topical Press Agency/Getty Images）

で言うと、下位段階の「生理的欲求」と「安全欲求」を満たすことで
あった。

経営環境

　この世代のオフィスの仕事は、イギリス東インド会社のような貿
易の書類処理業務という形態から始まり、その後、工業化の進展に
より工場の事務処理などが増えたが、いずれにしろ内容が明確な作
業が与えられ、管理者がその進捗を管理する官僚型体制であった。
経営的には、オフィスは必要悪であり、なるべくコストをかけずに
働く場所を確保するために、面積効率が求められた。

空間環境

　空間に求められたことは、作業場所の確保であり、作業のための
机がスペース効率良く並べられた。工場で採用された科学的管理手
法であるテイラーイズムに基づいて、作業の流れと管理のしやすさ
を考慮したレイアウトであった。執務机が同じ方向に並べられたブ

写真3　ジョンソンワックス本社オフィス　ラシーン　ウイスコンシン州（写真：アフロ）

ルペン型のオフィスが多く、また、管理者の目が行き届くように、ミシェル・フーコーの「一望監視施設（パノプティコン）」の原理に基づいていた。一方、こうした時代の状況を超越したオフィスがこの時代に生まれている。この時代のオフィスの一般的な例としてはふさわしくないが、素晴らしいオフィスなので紹介したい。フランク・ロイド・ライトのジョンソンワックス（1939年）である。ライトの傑作であり、ライトが様々な工夫を凝らして、現代でも十分に通用する光が柔らかく注ぐ快適なオフィスを実現している。この天才建築家のつくったオフィス空間が次の時代に引き継がれることはなく、効率優先の無機質なオフィス空間の時代に突入していく。

第二世代 (20世紀後半：1950年～1980年)： 機能空間としてのオフィス

社会環境

　この世代は、工業化の進展とともに、第一世代に生まれたオフィス形式が近代化を進めながら普及し、規模の拡大が進んだ時代である。事務作業の複雑化が進み、効率的な仕事の流れと役割分担が追求された。戦後の復興が進み、日本が急成長した時代であり、多くの人が、書類に囲まれた無機質な潤いのない部屋で、家族を守るためにがむしゃらに働いた時代である。また、様々な新しい技術が生まれ、オフィスビルの形態にも大きな影響を与えた。そのひとつにビルの高層化があるが、高層ビルの増加に伴い、ビルの中で行われる活動が街からは見えなくなり、ビルと街が分離した。子供たちはオフィスで働く親たちの働きぶりが見られなくなり、親への尊敬を感じる機会が減少した時代でもある。

経営環境

　経営環境としては、作業の効率化が進み、組織も情報共有と管理が効率的に行えるピラミッド型の組織が隆盛を極めた時代である。

また、日本的経営が広がり、終身雇用、年功序列が定着していった。多くの人が大企業に入ることを目指し、入るとその企業で一生働いた。年功序列で出世し、子供が生まれたり、家を買ったりする年齢になると、能力に関係なく、給料が上がっていった。大企業に入ることで安定した人生が保証された時代である。社員は自分のためではなく企業のために働いた。多くの人が企業の歯車となっていった時代である。

空間環境

　オフィスで行われる仕事が複雑化し、機能性が求められた時代である。オフィスビルの形態も、鉄骨造とエレベーター技術の進展によってビルの超高層化が可能になり、土地が限られる大都市では、超高層化が進んだ。多くの都市で、鉄骨とガラスでつくられた美しいビルが増え、オフィスビルは大都市の景観を形成するビル群の主役になっていく。また、蛍光灯の普及により安価に人工光を使うことができるようになり、自然光の届かない部屋の奥でも事務作業が可能になった。この時代からオフィス空間の奥行きがさらに深くなっていく。組織は大規模化が進み、オフィスのゾーニングでは、部門間の近接度が重視されるようになっていく。

　オフィス空間は、ミース・ファン・デル・ローエの提唱したユニバーサルな空間として、どの企業が使っても問題がないように、特定の組織に特化したデザインではなく、均質空間としてデザインされた無機質なオフィス空間が多数生まれた時代でもある。この時代の代表的なビルとしては、SOMのレバハウス（1952年）、ミースのシーグラム（1958年）などがある。一方で、均質空間とは異なる好例として、ヘルマン・ヘルツベルハーのセントラルベヒーア社（1967年）がある。大規模オフィスであるにもかかわらず、ユニット空間と吹き抜けをうまく組み合わせたヒューマンスケールの魅力的なオフィス空間を実現している。

　この時代の特筆すべき建築として、高層ではないが、パレスサイ

写真4 リーバ・ハウス
（リーバ・ブラザーズ社米国
本社ビル）ニューヨーク

写真5 シーグラム本社ビル
ニューヨーク

写真6　パレスサイドビルディング

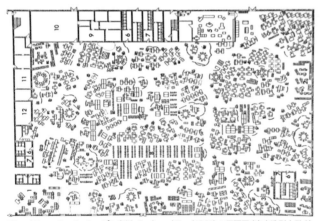

図2　オフィスランドスケープの事例：Buch und Ton（1961）の平面図（東京造形大学 地主廣明氏トレース）

ド・ビルディング（1964年）のような素晴らしい建築が生まれている。

　オフィスレイアウトは、情報共有がしやすい対向島型が日本独自の進化を進め、組織形態をレイアウトが示すようになる。島の要に

長が座り、窓側の環境のよい場所に、多くの島を束ねるようにひな壇と言われるマネージャー層の席が並べられた。一方、1958年にドイツの経営コンサルタント・クイックボナーチームが考案した「オフィス・ランドスケープ（ビューロランドシャフト）」が注目を浴びることになる。情報の流れに沿って、チームワークと個人作業を上手く組み合わせたレイアウトで、それまでとはまったく異なるオフィスの風景が生まれた。しかし、日本にはあまり広がらなかった。

第三世代 (1980年–2000年)：生活空間としてのオフィス

社会環境

　高度情報化社会を迎え、社会の情報化が急速に進んだ時代である。オフィスにおいても、仕事の情報化（OA化）が進み、コンピュータを使うことが一般化した。また、インターネットが登場し普及していく時代でもある。

　経済的にゆとりが生まれ、漸くオフィスの快適性が求められ始めた。人々が過ごす時間を考えると、多くのビルディングタイプの中でもオフィスが一番長い。長い時間を過ごす、いわば生活空間なのだから、住宅のように快適性が考えられて然るべきであった。しかし、それまでオフィスは仕事空間として、大人の戦場として、快適性は重要視されていなかった。そうした状況で、経産省がニューオフィス推進運動としてオフィスの快適性を主導し始めたのがこの頃である。

経営環境

　この時代の前半は日本経済の黄金期、ジャパンアズナンバーワン（エズラ・ヴォーゲル、1979年）の時代にあたり、日本型の経営（終身雇用、年功序列）が隆盛を極めた時代であり、オフィスワーカーが増加した。一方、後半は、バブル崩壊（1990年）とともに経済が急減速す

る。

　この頃に、ファシリティマネジメントの概念がアメリカから輸入
され、オフィスの施設管理を経営行為として考えるようになる。建
物をイニシャルコストではなくライフサイクルコストで考え、最小
化ではなく最適化が求められるようになった。

空間環境

　この頃から快適なオフィスデザインが求められるようになる。執
務空間がインテリアデザインの対象となり、グレー1色のオフィス
空間に彩りが加わるようになった。身体的快適性を増すために、人
間工学に基づいた椅子としてエルゴノミクスチェアが登場する。
アーロンチェア（1994年）が有名である。また、心理的快適性を実
現する方法として、パーソナライゼーションが注目された。家族の
写真を飾ったり、自分の趣味のものを置くなど、自分の机をパーソ
ナライズすることで、快適性を増そうとしたのである。また、企業
が社員満足度を高めることが求められるようになる。これに応じ
て、オフィスの総合的評価指標が模索され、ORBITなどのオフィス
評価法が登場した。

　情報化（オフィスオートメーション、ビルディングオートメーション、
テレコミュニケーション）に対応したビルとしてインテリジェントビ
ルが登場した時代でもある。OA化の進展に伴い、オフィスの二重
床などの情報機器の配線が課題となったり、プリンターの騒音や
キーワードによるけいけん腕症候群などの課題も生まれた。

　この時代の象徴的な建築としては、丹下健三の設計した東京都庁
舎（1990年）がある。日本の黄金期に重なり充分な費用が注がれ、
東京のランドマークとなっている。オフィス空間は、この時代も対
向島型中心ではあったが、組織移動コストを軽減できるユニバーサ
ルレイアウトやコミュニケーションと個人ワークの両立を目指した
打合せスペースを絡めたレイアウトなど、多様なレイアウトが生ま
れた。フリーアドレスが生まれたのもこの頃であるが、ダウンサイ

写真7　アーロンチェア
（写真協力：ハーマンミラージャパン）　　写真8　東京都庁舎

ジングを目的に採用されるケースが多く、失敗例が散見された。

第四世代(21世紀、これから)：
知的創造空間としてのオフィスビル

社会環境

1) イノベーション型社会へ

21世紀に入り、社会はこれまで以上の急激な変化を始めた。工業社会化、情報社会化、知識社会化を経て、それらを総合化したイノベーション社会、創造型社会を迎えている。かつて経済大国として隆盛を極めた日本が、失われた20年を経て、その一人当たりGDPを下げ続けた時代である。日本型経営の見直しが始まり、組織形態もツリー型からフラット化するなど模索が続いている。

この世代の初頭に世界の先進諸国が、いち早くイノベーティブな国を目指して変化を始めた。アメリカは、2004年にパルミサーノレポート（国家イノベーション・イニシアティブ最終報告書）を発表し、

イノベーション国家を目指すことを宣言した。EUも2010年に欧州委員会が、イノベーション・ユニオンを目指すことを宣言した。一方、日本はジャパン アズ ナンバーワンと言われ世界からお手本にされていた時代をひきずり、この世代になっても変化ではなく現状維持を選択し、他の先進諸国が成長したために、相対的にその力を失った。漸く尻に火がついて変化を模索し始めているが、長年の行き過ぎたリスクヘッジ型経営により、トップも組織も社員もリスクを取れない体質が染み込み、新しい変化を阻んでいる。

2）創造型社会へ

　この時代にイノベーションの意味が大きく変化した。かつては、技術革新、つまり、新しい技術の発明を意味していたが、それだけでなく新しいアイデアから社会的意義のある新たな価値を創造し、社会的に大きな変化をもたらす自発的な人・組織・社会の幅広い変革を意味する（ウィキペディア）ようになってきた。

　日本は、世の中が必要とする商品のクオリティを上げることで利益を得て、経済大国の地位を維持してきた。改善を繰り返す手法で新しい価値を生んできた。言い方を換えると、現状の延長戦上に答えがある課題に取り組んできた。一方、イノベーションは新結合（シュンペーター）と言われ、未来は現在の延長線上にはなく、改善ではなく、新しい発想が求められた。現状を分析して答えを探すだけではなく、新しい試みと失敗を繰り返しながら次第に見通しを立てて、適切な解を見い出していく方法が必要になってきた。これは、日本がこれまで親しんできた働き方とは異なり、変化を始めてはいるが、うまくできず苦戦中である。

　違う角度から説明をしてみたい。現代は、低欲望社会と言われ、人々のモノに対する欲求は満たされ、機能性だけを売りにしたモノは売れなくなった。モノよりもコト（サービス、経験）が重要視され、最近ではコトとモノの融合化商品が増えてきている。そのような時代であるから、日本が得意な機能性を追求した製品を作れば売れる

時代は過去となり、新しい経験（ストーリー）を提供できるモノやコトを考えないと生き残れない時代になった。つまり、新しいアイディアの創出が重要な時代なのである。さらには、変化のスピードが早く、経験を生み出すアイディアを創造し続けなければならない時代となり、アイディアの創造工場であるオフィスの重要性が格段に増した時代に入ったのである。

　3）働く意味の変化

　働く意味が大きく変化した時代である。長い間、生きていくためのお金を稼ぐことが働く第一の目的であった。家族を守るためにがむしゃらに働くことは素敵なことだった。企業も利益を第一の目的とし得ていた。翻って現代、多くの人が働くことに生きる価値を求め、自己実現を求め、人間らしく働くことを求めるようになってきた。アイディアの創出においては、コラボレーションが重要になり、役割分担ではなくチームワークになり、さらには、ひとつの組織で完結して働くのではなく、複数の組織と相乗効果を求めて働く機会が増えてきている。企業は利益だけでなく、社会的価値を生むことを目的にして、これまで以上に社員を大事にするようになって

〈ワークスタイルが注目される時代〉

新しいワークスタイルの方向を示すキーワード

個	➡	みんなで
稼ぐため	➡	生きる価値
がむしゃらに働く	➡	人間らしく働く
ひとつの企業でひとつの仕事	➡	複数の会社、複数の仕事
正社員	➡	フリーエージェント
儲かる仕事	➡	意味、価値のある仕事
企業価値	➡	社会的価値創造へ
組織に取り組む	➡	境界を越える
経済的成長	➡	成熟社会

きている。このような状況で、これまでの官僚型組織で、管理命令
型の働き方が機能しなくなってきている。

4）生産性

　日本の労働生産性は先進諸国の中で最下位である。しかも、新し
い価値を生み出した成長ができていない。一人当たりGDPも下が

労働生産性国際比較

我が国の労働生産性は実質、名目ともに OECD 諸国の中では低い水準となっている。

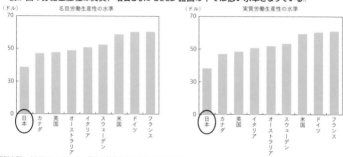

資料出所　OECD.Stat をもとに厚生労働省労働政策担当参事官室にて作成
　（注）　1）労働生産性は、マンアワーベースで算出。
　　　　　2）2005 年から 2013 年までの平均値。

我が国の実質労働生産性を要因分解すると、付加価値要因がほとんど寄与していない一方で、
デフレーター要因の寄与は高い。

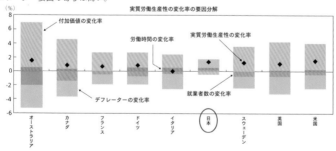

資料出所　OECD.Stat をもとに厚生労働省労働政策担当参事官室にて作成
　（注）　1）労働生産性はマンアワーベースで算出
　　　　　2）労働生産性の要因分解は、労働生産性の変化率＝付加価値の変化率＋デフレーターの変化率＋就業者の変化率
　　　　　　＋労働時間の変化率で行っている。
　　　　　3）それぞれの値は 2005 年から 2013 年までの平均値。

2016 年版労働経済白書より

るばかりである。つまり、日本は前述した昔のやり方を変えられ
ず、社会の変化に追従できていない。このまま進めば、経済的に
は、衰退していくしかなく、ようやく変化を始めた時代である。

経営環境

1) オフィスづくりは経営者の仕事

　オフィスの経営における重要性が増してきた。オフィスは単なる
作業場所ではなく、その企業の目的を達成する場所に変化してき
た。つまり、どのようなオフィスをつくるかは、その企業の成果に
大きな影響を与えるため、経営課題を明確にしてその課題を解くた
めの働き方をデザインし、その働き方を可能にするオフィスをつく
るようになってきた。必然的に、オフィスづくりは総務の仕事から
経営者の仕事に変わってきている。

2) 生産性向上にむけて

　繰り返しになるが、生産性を上げないと日本が経済的には生き残
れない時代になっている。生産性は、アウトプット／インプットで
計算される。生産性を上げるためは、インプットを小さくして、ア
ウトプットを大きくする必要がある。「インプットの最小化」は、
いわゆる業務の効率化である。すでにやり方が決まっている、その
プロセスに従って行えばアウトプットが保証されている仕事は、そ
の効率を上げることで生産性は高まる。しかし、創造型の仕事は、
インプットを最小化するとアウトプットの価値が下がったり、成果
を生み出せないことも起こり得る。つまり、すべての業務を効率化
するのではなく、やり方の決まったルーティンワークに絞った効率
化がポイントとなる。情報技術の進展により、AIによる効率化が急
速に進められている。

　もうひとつは「アウトプットの最大化」。これが重要であり、難
しい。いわゆるイノベーションを生むことである。さらには、同じ
商品が長く売れ続けるロングテールの時代ではないので、イノベー

ションを生み出し続ける必要がある。つまり、かつては、少数の人がイノベーションを生み出し、多くの人はそれをサポートしていれば良かったが、より多くの人がイノベーションを生み出す仕事につく総活躍社会になってきた。また、社会の変化が早く、様々な仕事が、その変化に追随するための変化を求めており、変化のための知恵を生み続ける仕事も増えてきている。多くのオフィスワークが、総じて、作業行為から創造行為に変化してきているのである。

　大企業ではイノベーションは生まれないと言われている。大企業は、効率的でリスクを最小化する仕事の仕方を熟成してきたからだ。良い製品を大量につくり売るための効率の良い働き方と組織を目指し、成熟の域に達していた。ところが、社会が大きく変化し、良い製品を大量につくって売るというビジネスモデル自体が賞味期限を迎え、イノベーション型への変化を求められている。
　大量生産型の時代には、次の変化が予測し得たので、綿密な計画が立てられ、その計画に従って、命令管理型で仕事が進められ、とても上手くやってきていた。ところがイノベーションはこの方法では生まれない。新しい試みの中にこそ、イノベーションの種子があるのだが、新しい試みは綿密には計画できない。やってみないと分からないことだらけだからだ。しかし、きちんとした企業ほど、やって

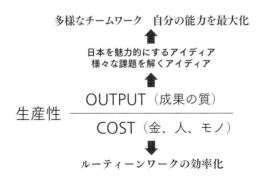

みないと分からない得体の知れない試み、つまり綿密な計画書のないプロジェクトにはお金が出ない仕組みになっているのである。

　例えば、長年親しんだ稟議制度が根付いており、新しい試みは、稟議が回るときにどこかで必ずといっていいくらいにつまずくのである。新しいことを試みる社員も、自分の試みが何度も潰される経験を重ねるうちに、新しいことをやらなくなる。こうした仕事の進め方と組織の仕組みを変える必要があるのだ。しかし、日本は長年この方法で成功体験を積み重ねてきただけに、変えるのには多くの時間を要し、もがいている。さらには、古い働き方の価値が完全に消滅したわけではなく、すでに機能しているビジネスに関しては、有効に働いている。やり方が大きく異なる2つの働き方が混在していることが、問題を難しくしている。

3）働き方の民主化

　必要な製品が自明でその製品をつくるための「計画的な働き方」から、何をつくれば良いか分からない時代のイベーションを生むための「創造的な働き方」に変えなければならない。

　企業は、前述したように、日本型経営のもと管理命令型で成功してきた。かつては、大きな組織を効率よく動かす良いシステムであった。ところが、イノベーションは計画できないので、そのプロセスを管理できない。これまでのように、管理命令型で、社員を管理してしまうと、成果が生まれないのである。作業であれば、命令型で機能するが、創造型は、そうはいかない。アイディアは無理やり命令されて出るものではなく、本人が自ら出したいと思って初めて生まれるものである。つまり、本人のやる気が大事だが、管理命令型はやる気を削ぐ可能性が高い。アイディアの生み出し方も定石はなく、人もしくはチームでその作法は様々である。従って、命令型から自立型へ移行する、すなわち、働き方の民社化が必要なのである。

　イノベーションを生むための創造型の働き方を考えてみたい。計

画に沿って、役割分担をして仕事を進めるスタイルではなく、多様な人と試行錯誤しながら仕事をしていくスタイルで、多様化が進んでいる。イノベーションは新結合と言われる。すでにある知がこれまでとは違う知と組み合わせられることで生まれる。これまでとは違う組み合わせを探すために、多様な分野の人がコラボレーションすることになる。多様な人と多様なインタラクションを繰り返すスタイルになる。二人でアイディアをつくり上げたり、一緒に調べたり、複数で意見交換したり、アドバイスをしたり、してもらったり、ワークショップをしたりと様々である。また、ソロワークも同様に多様化している。淡々と作業を続ける時間は短くなり、アイディアを生み出すために調べたり、考えたり、本を読んだりする。そのモードも集中したり、リラックスしたりと様々である。このように個人もチームもそのアウトプットを最大化する多様な働き方を自らデザインするようになってきているのである。そして、そうした多様な働き方を可能にするワークプレイスが求められている。

　4）健康経営
　健康経営が叫ばれるようになり、企業の社員に対する考え方が大きく変化してきた。これまでは、給与を払っているのだから言われたことをやりなさいと言うスタンスで、会社の都合だけで、社員の行動を決めていた。健康経営では、社員の身体的、心理的、社会的健康に会社が責任をもたなければならない。3つの健康のうち社会的健康が重要なポイントである。社会的健康とは、社員が、仲間から求められていると感じ、仲間に役に立てていると思え、仕事にやりがいをもって働けている状態である。これまでのように、やりたくない仕事を無理やり押し付けていては、社員の社会的健康は保てず、マネジメントの方法が大きく変化してきている。上司の仕事は、部下が仕事をしているかを見張ることから、部下の仕事に対するやる気を醸成することに仕事に変化してきている。そのための会話の場として、1オン1（上司と部下の1対1の対話を繰り返すこと）を採

用する企業が急速に増えてきており、専用の空間が用意されたオフィスが増えてきている。社員を健康に保つことは、社員の生産性をあげ、会社にとっても価値のあることになってきている。

空間環境

1）空間デザインの変化

社会環境と経営環境の変化により、働き方がルーティンワークからクリエイティブワークに変化してきた。これを受けて、オフィス空間も変化してきている。かつてのオフィスは、ミースの提唱したユニバーサル空間に、自席と椅子が並んでいるだけであった。経営的には、作業を進めるための場所があれば十分だったのである。長年続いていたその状態が急激に変化しているのが現代である。21世紀に入る少し前、21世紀の前兆を示すオフィスが生まれた。シャイアットデイのニューヨークオフィスである。実際に訪ねて、衝撃を受けたことを今でも覚えている。オフィスワーカーが自由に働く、それまでのオフィスの概念をまったく塗り替える次の時代を切り拓いた空間であった。

2）空間のパワー

「生産行為を行うのは人であり、生産性の向上にオフィスは関係ない」と思っている人が意外と多い。確かにオフィスそのものは工場と違って、何も生み出さない。しかし、オフィス空間はオフィスワーカーの行動と心理状態に様々な影響を与える。人の生産活動に影響を与えることで、間接的にではあるが大きな影響を与えることになる。つまり、生産性向上に関しては、オフィスは何でも良いと言うのは間違いである。オフィスの影響を示す事例を紹介したい。某オフィスで私たちが行った実験の結果である。

3つの係のメンバーが、自分の係のメンバーとしかコミュニケーションを取らず、係間の相乗効果が生まれていない。その部長から何とかしたいという依頼を受けて、フリーアドレスオフィスに変更

した。ところが、大失敗であった。係を越えたコミュニケーション
が全体の2割から5割に増えたので、ここだけを見ると成功したよ
うに見えるが、一緒に仕事をする係内のメンバーとのコミュニケー
ションが不足して仕事が進まなくなり、定例の係ミーティングを開
くようになってしまった。それまでは自然と共有できていた情報が
共有できなくなったためである。そこで、ホームアドレス（仲研オ
リジナル）に変更した。3つの係のホームはつくるが、あえて全員分
の席は用意しない。メンバーとのコミュニケーションが必要なとき
はホームで働き、必要がない時はフリーアドレスゾーンで働く。こ
の変更の結果、内部のコミュニケーションが7割になり、定例会議
もなくなった。ここで伝えたいのは、同じ人たちが同じ働き方をし
ているのに、空間とルールを変えることで、その働き方が変わった
ことである。部長が口を酸っぱくして言っても変わらなかったこと
が、空間によって変わったのである。コミュニケーションは、生産
性と深く関係する重要な行為であり、それが空間によって左右され

調査環境の概要

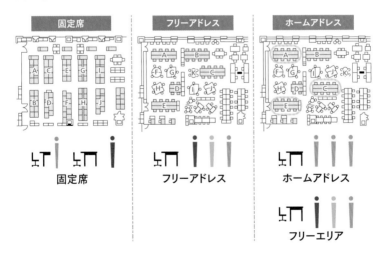

コミュニケーションについて

固定席時には部門内：部門外が8：2の割合であったのに対して、ホームアドレス・グループアドレス導入時にはその割合はおおよそ7：3に変化している。

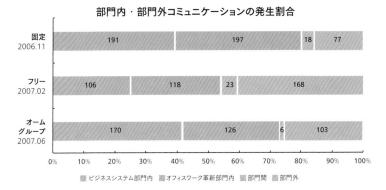

部門内・部門外コミュニケーションの発生割合

	ビジネスシステム部門内	オフィスワーク革新部門内	部門間	部門外
固定 2006.11	191	197	18	77
フリー 2007.02	106	118	23	168
オーム グループ 2007.06	170	126	6	103

トライアル評価結果

たのである。ところが、空間の影響は働いている人には意識されにくいため、その価値は顕在化しない。しかし、気づいても気づかなくても人の行為は空間によってアフォードされるのである。生産性の上がる行為をアフォードするオフィスデザインがとても重要になってきている。

3）計画外のコラボレーション

イノベーションには、計画外のコラボレーションが有効であると言われている。しかし、計画外なので計画的に起こすことができない。ところが、空間にはこれが可能である。部署や分野を越えた多様なコミュニケーションを空間構成によって偶発的に生み出すことで計画外のコラボレーションの発生確率を上げることができる。

ピクサーの事例を紹介したい。スティーブ・ジョブズが『トイ・ストーリー』で大成功した後、次の作品を生み出す際につくったオ

写真9　ピクサー本社オフィスポイント・リッチモンドカルフォールニア州（撮影：岸本章弘氏／ワークスケープ・ラボ）

フィスである。様々な部門が大空間に接するようにゾーニングされ、大空間で多様な人々が交わり、相乗効果を生むことが期待されている。その大空間には、コミュニケーションのきっかけとなる映画に関連するアイコンが各所に置かれ、また、ソファーなどコミュニケーションをサポートする家具が各所に配されている。様々な部署の専門分野の異なる人たちがこの空間で交わりながら働くことで、映画のクオリティを上げる計画外コラボレーションが生まれたのである。

4）ゴール、臨場感、現場感の可視化
　イノベーションを生むのは、オフィスワーカーであり、彼らが生もうとしないと生まれない。つまり、オフィスワーカーにやる気があることが大前提である。とはいえ、彼らも人間であり、その状態は様々な要因によって変化する。そのコントロールは社長や上司の

写真10　ボーイング社の工場の中にあるオフィス-工場のラインが見える

役割であるが、そのモチベーション向上に空間が役に立つことはあまり知られていない。モチベーションの向上には、仕事の目的が見えていることが重要である。自分の仕事の目的が分からずにただ作業しているのと、その価値を理解して目的の達成に関与していることを感じながら働くのとでは、やる気がまったく異なるのである。事例をいくつか紹介したい。

〈ボーイング〉

　写真を見れば一目瞭然だが、このオフィスで働いていると自分が何のためにこの場にいるのかが分からない人はいないだろう。たとえ、エクセルで給与計算していたとしても、それが間接的に眼の前の飛行機のクオリティを上げることに繋がっていることを意識せざるを得ない。当然ながら、目の前の仕事のクオリティを上げようする気持ちが高まるはずだ。

〈スノーピーク〉

　スノーピークは、製品のクオリティを上げるために、街中にあった本社オフィスをキャンプ場に移した。狭い意味の経営だけ考えると、銀行やお役所の近いビジネス街の方が効率が良い。だから、オフィスビルはビジネス街に集中している。スノーピークは、ビジネス街にいて効率を上げることで生産性のインプットを小さくするよりも、アウトプットを大きくすることで生産性を上げる選択をしたのである。ビジネス街で隣のビルを見ながらキャンプ用品を考える

写真11　スノーピーク本社オフィス

のと、自分達の現場であるキャンプ場の中で、家族が楽しそうに
キャンプしている様子を肌で感じながら考えるのと、どちらがよ
り良い製品が生まれるか。現場にいて目的が分かる方がやる気も高
まり、良い製品が生まれるのは明らかである。

〈フェイスブック〉
　ワークプレイスデザインとは、空間と家具のデザインにより、そ
こで働く人達の行動と気持ちに影響を与えることである。フェイス
ブックのオフィスは2700人が働く大空間である。このオフィスは
社員のやる気が上がるオフィスである。その理由はこうだ。2700
人がプロジェクトベースで働いている。そこには数百のプロジェク
トが同時進行している。感情を素直に表現する国民性だから、プロ
ジェクトがハードルを超えるたびに歓声を上げるだろう。プロジェ
クトが数百もあれば毎日のようにオフィスのどこかで歓声が上が
る。それを聞いた周りの人達は、「おー、あいつらやりやがった
な！我々も続くぞ！」と思う。身を置くだけで自然とやる気が伝搬
するオフィスだ。みんなが仕事をしている！という臨場感が満載の
オフィスなのである。こんなオフィスで働いているのと、みんなが
シーンとしてパソコンに向かい、隣の人が何をしているのか分から
ないオフィスで働いているのとでは、仕事の臨場感がまるで違う。
人は空間の影響から逃れられない。このような場は、毎日、そこで
働く人達に空間が囁きかけるのである。

5）ABWオフィスの都市化
　イノベーティブであるためには、チームワークの多様化と個人の
能力の最大化が必要であることを書いたが、そのためのオフィスと
して、ABW（Activity Based Workplace：仕事の内容に合わせて最適の場所
を選んで働くオフィス）が増えている。これまでのオフィスは、チー
ムワークは会議室、個人作業は執務机で行われてきた。だから、オ
フィスには執務机と会議室があれば良かった。どのような打合せも

会議室で行い、どのような個人作業も自席で行われた。自席ではやりにくい作業も自席で行われた。選択肢がなかったからである。単純作業であれば、大きな問題はなかった。作業空間でオフィスワーカーから出る不満は暑い、寒い程度であった。ところが創造型の働き方では仕事が多様化し、また、自分の能力の最大化が求められるので、その時に行う作業と自分の心身の状況に応じて、最高の結果が出やすい最適な場を求めるようになる。つまり、多様な場が状況に応じて選択できるオフィス（ABW）、都市のように必要な機能に応じて場所が選ばれるオフィスが必要なのである。結果として、様々な機能の場所がオフィスの中につくられ、オフィスは都市の様相を呈するようになってきている。

6）都市のオフィス化

都市のオフィス化現象が拡大している。その理由は2つある。ひとつ目は、情報化の進展により、どこでも仕事ができるようになったことで、多くの人がオフィスを飛び出して、都市の様々な場所で働くようになり、その需要に応えるように都市に働くことができる場所が増えてきたからである。カフェやファミレスがワークプレイス化している。最近では、サウナとワークプレイスが融合するなど、ワークプレイスは様々なビルディング、すなわち都市と融合している。もうひとつの理由は、オープンイノベーションの進展である。その重要性が増し、組織を超えて働ける場所であるコワーキングスペースが増えてきている。コワーキングスペースが生まれた当初は、起業家向けで、個人や小さなグループの働く場であったが、最近は、多くの大企業が他社との交わりを期待してコワーキングスペースを使うようになり、急激に増えている。例としてウイーワークを紹介しよう。ウイーワークの特徴は、専有できるオフィススペースを貸すだけでなく、共有スペースを豊かにしてそこで過ごす人を増やし、組織を越えた繋がりの機会を提供していることである。さらには、魅力的な参加型のイベントが多く企画され、新しい

つながりが生まれる仕組みを提供している。

7）オフィスの作り方の変化

　これまでのオフィスビルの執務空間は、どこの企業が入っても良いように、均質性が求められ、標準内装で仕上げられた個性のない空間であった。建築家は、ファサードやエントランスホールなどの空間はデザインするが、執務空間はデザインの対象ではなかった。オフィスワーカーが過ごす執務空間は、均質空間に市販のオフィス家具がスペース効率良く並べられただけの場所であった。創造空間として生産性が求められるようになると、ただ机を並べるだけでは、要求に応えられなくなり、オフィスのつくり方が変わってきている。最大の違いは、オフィスをデザインする前段階のどのようなオフィスが必要かを考えるプレデザインというプロセスが重要になっていることである。プレデザインは、プログラミングと言われたり、ブリーフィングと言われたり、その呼称は様々であるが、要は、オフィスの設計条件を明確にする行為である。もちろん、以前から設計条件はつくられていたが、必要な部屋と規模に関する設計条件が殆どで、執務空間は収容人数と広さが定義されるだけで、肝心のそこで行われる生産活動を考慮した設計条件が示されることはなかった。漸く、生産活動がその重要性を増し、生産性を向上する設計条件が求められるようになってきたのである。では、生産性の上がる設計条件はどのようにしてつくられるのだろうか。既述したように、生産性の上がる働き方をデザインして、その働き方を実現するための設計条件を考えることになる。つまり、まず、生産性の上がる働き方をデザインする必要があるが、これは、建築家にデザインできるものではなく、クライアント側がコンサルタントを交えて考えることが多い。おおまかなプロセスとしては、現状の働き方の調査→課題の洗い出し→課題を解く働き方と理想の働き方のデザイン→求める機能と空間の設計条件の導出という流れになる。これまでの設計プロセスと大きく異なるのは、このプロセスがユーザー

参加型で行われることである。その理由はいくつかあるが、一番重要な理由は、チェンジマネジメントすなわち、意識改革にある。同じ働き方では、生産性は上がらない。新しい働き方に変えることになる。ところが、長年親しんだ働き方を変えるのは、想像以上に難しい。意識改革が必要になる。プレデザインに参加することは、その意識改革に有効である。これまであまり意識することのなかった自分達の働き方と空間を考えるプロセスで仲間と議論を繰り返すことで、様々な気付きを得て、自分の考え方を変えることができるようになる。資生堂が横浜に新しくつくったオフィスの事例を紹介したい。ワークスタイルコンセプトは、"Journey Style"。研究員が旅をするようにオフィス内外を自由に行き交い、そこで出会う人や環境から新しい研究のひらめきを得る。資生堂は、プレデザインに4年間を投じている。各部署から集められた働き方改革WGが組織され、彼らは毎週のように議論を重ねた。頻度は減るが議論するメンバーの規模を段階的に大きくし、最大は、全員によるワークショップを半年に1回行った。これらを繰り返すことで、全員参加によるプレデザインを実現している。このプロセスで多くの研究者の新しい働き方に向かう姿勢が大きく変化したことが想像できよう。

6. おわりに

　オフィスというビルディングタイプの中で繰り広げられる人々の活動の集積として文化の記述を試みた。できたかと言われるとはなはだ心許ない。時代の流れとともにオフィスとそこで行われる行為が変化してきた様子を記述するので精一杯であった。

　今まさに多くの人達がその働き方を変えようとしている。そしてオフィスも然りである。オフィスは多くの人々の命（時間）を使う場である。その命の使い方が変容し、人々は自分の人生の価値を高める働き方の実現をより強く求めるようになってきている。そういう意味で、オフィスは生きるための舞台である。そして、オフィスは認識されている以上にそこで働く人対達に影響を与える。だか

写真12 資生堂グローバルイノベーションセンター

ら、より良い人生を生きるための舞台としてのオフィスがどうある
べきかが企業と人々、すなわち、社会に問われている。当然なが
ら、仕事の舞台は、オフィスに閉じない。様々なビルディングタイ
プに分散している。人生の価値を上げるために、各所で行われる働
くという行為のクオリティを上げることが求められている。働くと
いう行為は、多様な行為となり、場所も多様化している。また、そ
れはつねに変化するダイナミックなものだ。そんな働くという行為
を包み込んでくれるオフィスという場は、もはやひとつのビルでは
成立せず、オフィスというビルディングタイプは都市、否、人間が
いる場所すべてに溶け出している。ビルディングタイプとしてオ
フィスを語ることができない時代に入っている。

p103 写真4・5、p104 写真6、p107 写真8　撮影：五十嵐太郎

4

学校
SCHOOL

大川信行

近代以前：様々な学びのかたち

　「学校」と言われてその空間を思い浮かべるとき、現代の日本人は比較的同質なものを思い浮かべるかもしれない。ひとつの教室の中でみな同じ方向を向いた机と椅子があり、前には黒板がある。大抵はそこで一人の教師が教壇に立ち、みな同じ内容を学習している……。しかしながら「学校」を「学びの場」と考えると、現代社会の中にもその空間形式はまだまだ様々あるはずである。例えば学習塾の中でも補習塾のような形態。みなそれぞれの課題をもち寄り、教師が教室の中を巡回し、必要に応じて指導を加える。あるいは幼稚園や保育園の教室。そこには常時置いてあるような机と椅子はないであろう。幼児たちは床に座り、各々バラバラな方を向いて何かをしているか、先生の方を向いて紙芝居を見たり手遊びを見たりと時間により内容により学びの形態を変える。さらに言えば衛星放送やインターネットの登場により、教師と生徒が離れていても学びの場は成立するようになった。AIの発展により、今度は教師が不在でも学びが成立するようになるであろう……。

　学びの場における空間形式の多様性は、実のところ学校の近代化

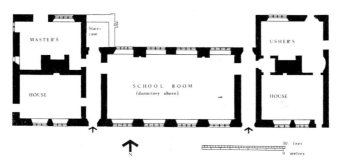

図1　アシュボーン校 1585-1603
Malcolm Seaborne "The English School its architecture and organization Volume1 1370-1870" London, 1977

への歴史の中でも見られるものであり、その空間を構成する諸装置は実に巧妙で興味深く、現代においても示唆に富むものがある。順を追って見ていくことにしよう。

　以下はイギリスの例である。16世紀のある学校の例［**図1**］では真ん中にスクール・ルームと称される教場があり、左手にマスターと呼ばれる教師の家、右手にはアシャーと呼ばれる助教の家を見ることができる。このマスターとアシャーの関係は親方と弟子の関係に似ていて、つまりこの学校は工房のような運営がなされていた。スクール・ルームの中でどのような形式で学びが行われていたか、詳細はわからないが年齢や学習進度がバラバラな生徒が一緒になって学習をしていた。ほぼ同時期の別の学校［**図2**］もかたちは違えども同じ形式をもっている。長らく学校の教場は「スクールルーム」と呼ばれ、ひとつしかなかった。つまりは生徒を年齢や学習進度などにより空間で仕切るという観念、言い換えれば「クラスルーム」というような観念がまだなかったことを意味するだろう。「クラスルーム」が一般的に使われるようになったのは学校の歴史の中でも

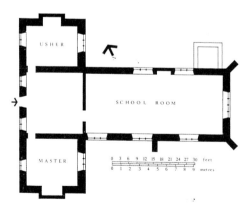

図2　テイム校 1559-1575
Malcolm Seaborne "The English School its architecture and organization Volumel
1370-1870" London, 1977

比較的新しいことである。

　よく知られることだが、イギリスにはパブリック・スクールと呼ばれるオックスブリッジの予備門とも言える学校が16世紀頃から存在する。「ザ・ナイン」と呼ばれる名門9校のひとつハロー校のスクール・ルームの様子［図3］を見てみよう。「フォース・フォーム・ルーム」と呼ばれるこの教場の中は一見複雑である。真ん中の軸線上の一番奥の高いところに一人教員らしき人が座っている。さらに両脇の壁の中央付近にも高いところに教員らしき人が一人ずつ座っていて、その教員の左右に生徒の一段が座っているが、壁から二列は壁を背中に、通路側二列は壁側向いて座っている。机はなく、椅子は長椅子である。おおよそ現代我々が思い浮かべる学校の様子とは異なるが、具体的に指摘するならば、まず生徒は同じ方向を向いているわけでもなく、必ずしも教員の方を向いているわけでもない。黒板もなく、机もない。同じ教場の中であっても、必ずしもみなが同じ学習をしているわけではないであろう。さらにここで興味深いことがひとつある。彼らが座っている長椅子のことを

図3　フォース・フォーム・ルーム19世紀の様子
John Lawson,Harold Silver"A Social History of Education in England"Methuen & Co Ltd, London 1973

formと呼ぶのだが、それと同時に生徒の年次やあるグループのこともformと呼ぶ。つまりはformに座っている集団のことをまたformと呼んでいたと考えられるのである。これに似た関係がクラス（class）にも当てはまるであろうが、初等・中等教育におけるクラスの登場にはもう少し時間を経ねばならない。

近代：モニトリアル・システム

　19世紀初頭、ジョセフ・ランカスター（1778-1838年）というクエーカー教徒が自ら慈善活動として私設の学校を設立し、その建築的特徴や運営の方法について著書にしたためている。その教室内の様子がここまで紹介してきたものとだいぶ異なるので、詳しく見ていくことにしよう［**図4**］。向かって右端には教師らしい人物が立っていて、真ん中で台の上に立っている、どうやら子供のような人物に何か指図している。床には軽い傾斜が付けられていて、後ろの方までよく見渡せるようになっている。生徒らしい子供たちは机と椅

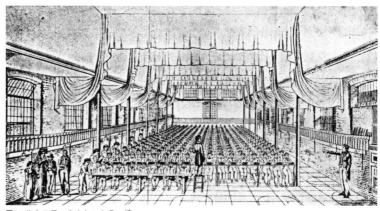

図4　サウスワークのセントラル校
Thomas A. Markus "Buildings & Power" Routledge, London 1993

子によって横一列に並び、みな同じ方向を向いている。各々の列の向かって左端には、これもやはり子供のような人物が立っている。ランカスターが考えたシステムでは、この真ん中で台の上に立っている子供と列の端に立っている子供をモニターと呼び、今でいう学生のチューターのような存在で、教師と生徒の間に入って生徒の指導にあたる。ランカスターはこれをモニトリアル・システムと呼んだ。都市部に流入する労働者たちによる急激な人口増加に対して、不足する教師が一人あたり少しでも多くの生徒を指導できるよう考え出されたシステムである。生徒たちはやはり長椅子=form に座っているのだが、まさにこれを単位として、時には壁際に設けられた半円形のスペースで一斉に講義を受ける［図5］。教育学の分野では一斉教授という用語があるが、これはともすると我々が常識的に想像してしまう、教室全体で生徒が一斉に一人の教師の話を聞くという学びの空間だけに限らないことが、このモニトリアル・システムの運用からもわかる。

　建築家ではないのだが、その思想の延長線上で空間の合理性について思考していたのは功利主義の哲学者としてよく知られるジェレミー・ベンサムである。ミシェル・フーコーによってよく知られる

図5　半円形のスペースでの一斉教授
Joseph Lancaster The "British System of Education" London 1810

ところとなったのはベンサムによる監獄についての著述、『パノプティコン』であるが、実は一方で彼は学校のアイディアについても論文を残している。『クレストマティア』と題された論文では、12角形をした教場の平面［**図6**］について述べられているのだが、所々で先のランカスターについての言及が見られる。平面図を見ると一見求心的な平面で極めて独創的なものに見えるが、教場を構成する諸要素はランカスターが唱えたものそのものである。中心にマス

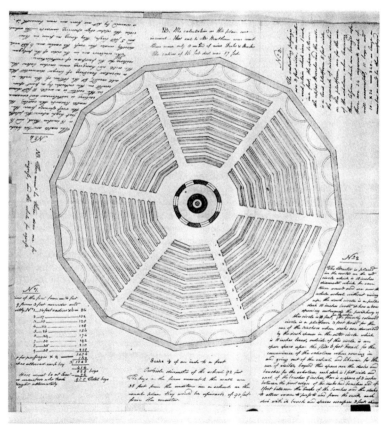

図6　クレストマティックスクール 1816
Thomas A. Markus "Buildings & Power" Routledge, London 1993

ターが座りその周りに6人のモニターが外側を向いて陣取り、円弧状に並ぶフォームの端にはそれぞれモニターが立つ。外周上の床には半円形の線が描かれ、ティーチング・ポストによる一斉教授が行われる。ベンサムのオリジナリティ、それはパノプティコンと同様、監視するもの（この場合はマスターと呼ばれる教員となろう）が壁に囲まれた中心にいて、在か不在かも含めて生徒からはその挙動が伺い知れないという「規律の内面化」の装置にあるだろう。

　ランカスターが考え出した教場では床に傾斜が付けられていたが、これが極端になると、今日ではよく大学の講義室などに見られる階段教室になると言える。その起源らしきものは比較的古くから定型として散見される。それは病院の中である。
　テノンとポワイエによる「1200床の病院」(1787年)の大きな平面図の一部［図7］を仔細に見ると半円形の部屋があり同心円状の座席が描かれていて、これがアナトミー・シアター、つまり解剖劇場とされている。当時解剖は広く一般にも公開されたため、解剖台の周

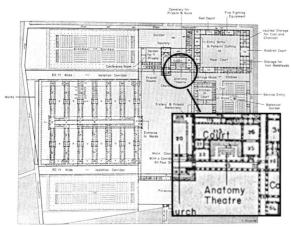

図7　「1200床の病院」1787
John D.Thompson, Grace Goldin The Hospital: A Social and Architectural
History Yale University Press 1975

りにはそのための観覧席が必要だった。階段状の座席配置は見る側の都合で必要だったわけである。満岡の研究[1]によればグラスゴー大学の講義室やエジンバラ大学の解剖学シアターにも同様の階段状のしつらえがあった。19世紀に入ってもなお、ナイチンゲールがその後の病院づくりの参考にしたと言われるパリのラボワジエール病院（1846-1854年）のような先端的な病院にも同様な部屋が設けられている。ただしここでは単にオペレイティング・ルーム、手術室とされている［図8］。アメリカの画家であり写真家、彫刻家でもあっ

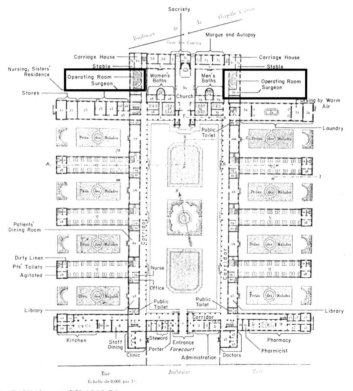

図8　ラボワジエール病院 1846-54
John D.Thompson, Grace Goldin The Hospital: A Social and Architectural History Yale University Press 1975

たトマス・エイキンズ（1844-1916年）の「グロス・クリニック」（1875年）あるいは「アグニュー・クリニック」（1889年）［図9］は当時の解剖が行われる様子を伝える貴重な作品で、ここで述べたような階段状の観覧席が確認できる。

　一方、ここでの本筋である学びの空間でも階段状のしつらえが独自に発展する。サミュエル・ウィルダースピン（1792-1866年）による幼児学校のモデル・プランはギャラリーを備えたスクール・ルーム、そしてクラス・ルームと運動場という構成でできていて、後の学校建築の平面にも大きな影響を与えたとみられている。ここでの授業の様子を描いた絵を見ると［図10］、まさに現代の階段教室の様相である。重要なのは、どうやら一斉教授が行われているということで、その生徒（この場合幼児）の人数がランカスターのモデルに登場したティーチング・ポストでの学習風景よりも、一人の教師あるいはマスターに対して遥かに多いということである。ランカスターのモデルでは床に半円状の線が描かれその上に生徒を並ばせていたが、それだけ授業中の秩序を保つのが大変だったことを意味すると考えられるだろう。一方ウィルダースピ

図9　「アグニュー・クリニック」
（提供：akg-images/アフロ）

図10　ウィルダースピンによる幼稚園のギャラリー 1840
Malcolm Seaborne "The English School its architecture
and organization Volumel 1370-1870" London, 1977

ンのギャラリーは幼児たちを横一列にぎっしり詰めて教師と対面さ
せており、より多くの子供に秩序を保たせながら一斉教授をするの
により優れた設備だったと言えるだろう。若干スケール感に違和感
を感じるウィルダースピンの授業風景の絵だが、あるロンドンの学
校内部の様子を写した19世紀後半の写真にはまさしくすし詰め状
態で使われているギャラリーが写っている［**図11**］。みなが横何列か
に並び前を向き、一人の教師の話を同時に聞くという一斉教授と設
備配置の組み合わせの初源は、このギャラリーにあったのかもしれ
ない。

　今日の小学校建築を特徴付けている教室＝クラスルームだが、こ
こまで見てきたように19世紀に入るまでは一般的なものではな
かった。そもそもクラスという言葉自体も初等教育で使われること

図11　19世紀後半　あるロンドンの学校内部
Malcolm Seaborne "The English School its architecture and organization Volume1
1370-1870" London, 1977

は少なかったと思われ、オックスフォード英語辞典で初出を追うと主に大学で同じカリキュラムを履修する学生の集団を指す言葉だったようである。イギリスの学校建築の歴史について大著をまとめたシーボーン[2]によればクラスルームが見られるのは先に紹介したウィルダースピンのモデルプランに示されたのが最初とされるが、満岡の研究によればロバート・オーエン（1771-1858年）がニューラナークに設立した性格形成新学院（1816年）にその起源を求めることができるという[3]。いずれにしてもクラスルームは最初、スクールルームで学習している大きな集団から特定の集団を抜き出して連れていき、別途学習をさせるための部屋だったようで、当初はスクールルームひとつに対してクラスルームがひとつないし2つという平面が多かったようである。

　学校平面の模索が続く時代の興味深い例として、ニューヨーク・フリー・スクール・ソサエティが示したPublic School No.17（1842年）がある。1階奥は幼児用にウィルダースピンのギャラリー付きスクールルーム、手前にはハロー校「フォース・フォーム・ルーム」によく似たフォームを4つの島に配置する初等用の教場、2階に行くとランカスターによるモニトリアル・システムのモデルプランに2つのクラスルームを付加したような中等用の平面が見られる［**図12**］。

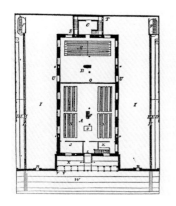

図12　Public School No.17　1842 左が1階、右が2階
Dell Upton "Lancasterian Schools, Republican Citizenship, and the Spatial Imagination in Early Nineteenth-Century America" Journal of the Society of Architectural Historians Vol. 55, No. 3 (Sep., 1996), pp. 238-253

このクラスルームのような部屋はここではrecitation roomと呼ばれていた。この室名はまさにクラスルームの初源的な使われ方を表していて、講義でも演習でもなく生徒と教師とが口頭試問を交えた授業を行う部屋だということを示している。またひとつ言えることはこれらはすべてイギリスで発明された平面で、それが海を渡ったアメリカでもわざわざ組み合わされた形で運用されていたということ、当時のイギリスが大衆教育の先進的な事例を数々提供していたということである。

　スクールルームを主としてクラスルームを補助的に活用するという学校の運営方法が一般化すると、生徒数が増えたときにさらに多くのクラスルームが必要になってくるのは想像に難くない。1873年のジョンソン・ストリート・ボード・スクールという学校の平面を見ると［**図13**］、従来スクールルームと称された部屋はホールとされ、周りに8つのクラスルームが用意されている。この時代すでに、教育学を修めた専門の教師が直接生徒に教育を与えるプロイセンの

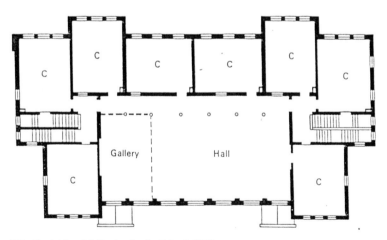

図13　ジョンソン・ストリート・ボード・スクール 1873
Malcolm Seaborne, Roy Lowe "The English School　its architecture and organization VolumeII 1870-1970" London, 1977

教育システム（Prussian educational system）が欧米中に影響を与えており、この学校の平面もそれに対応してそれぞれのクラスルームにはモニターではなく教師がそれぞれ各クラスで教鞭を執っていた。校長と目される教師はホールに設えられたギャラリーで講義を行うこともあれば、ホールから各クラスルームへ穿たれた窓から中で行われている授業を監察することもあった。先のベンサム『クレストマティア』が参照されたわけではないであろうが、窓があるだけでも「規律の内面化」は起こるであろう。

　エドワード・ロバート・ロブソンが1877年に記した学校建築についての資料集には当時実在した学校の平面が多く載せられているが、ペンシルベニアのニュートン小学校という学校の平面ではすでにスクールルームがパーティションなどにより6つに分割されて使われることが意図されている［**図14**］。こうして少しずつスクールルームの役割が退化しクラスルームが学校平面の主となっていったことが想像できる。ではもはやスクールルームは必要ないのだろうか。少なくとも今日の日本では19世紀ヨーロッパのスクールルームの役割を、多目的な設備である体育館がそのひとつとして果たしていると言っても良いのかもしれない。

イギリスで発明・発展した学校建築とプロイセンで確立された教育政策が相まったところで、日本は開国を迎える。

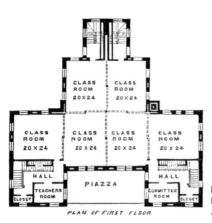

図14　ニュートン小学校
Edward Robert Robson "School Architecture" London 1877

開化期：近代化のシンボル

　明治になり日本でも西洋にならって教育制度が整えられるように
なるが、全国あまねく校舎と教員を用意するにはかなりの時間を要
することは想像に難くない。政策的にもまずはそれぞれの地方で、
土地の有力者が資金を拠出したり住民が資金を出し合って学校を設
立することになる。そうしてつくられた明治期の学校でも現存する
もので注目すべきはその意匠で、時代を追って擬洋風——一見する
と西欧建築の構成ながら細部は日本古来の社寺建築のディテールを
応用したもの——から始まり、徐々に和風の要素を使わないまさに
洋風建築のデザインが施されたものが場所を問わず全国で見られ
る。それらの学校は単なる教育施設であるということを超えて、ま
ずは町の将来を担う子供たちの教育の場を最も豪奢な西洋建築とす
ることで町の近代化と発展を願う、土地の有力者たちや住民の強い
意志の表れであると言えるだろう。近年はこうした近代の学校建築
の遺産的価値が認められ、明治から昭和にかけての学校建築が40
以上も国指定の文化財として登録され、中でも2019年には長野県
松本市の旧開智学校（1876年）［**図15**］が国宝として指定されている。

図15　旧開智学校 1876（筆者撮影）

都道府県など地方自治体指定の文化財となればその数はもっと多くなる。現在でもそれらの学校建築が地方地方の重要な観光資源となっていることを考えれば、当時の人々の思い切った飛躍は疑うことなく現代でも土地の繁栄に寄与している。

ただし全国くまなく学制を敷くにはもっと簡易に大量に学校を建設しなくてはならない。日本の学制は先に述べたプロイセンの教育システムを参考にしたとされ、8つの大学から始まり5万を超える小学校を設立するというものであった。学校を大量につくるために文部省によって仕様が決められ、「小学校設備準則」(1890年)、「学校建築図説明及設計大要」(1895年) が示された。教室の大きさや向き、片廊下式の平面計画、南側の校庭など今日見られる小学校の典型は、すでにこのとき定められたものである。画一的という批判もある学制とそれを支える建物・設備の始まりがここにある。そもそも欧米でも一般庶民があまねく教育を受けるということがまだ普通のことではなかった時代に、近代国家の誕生とそれに必要な言語の統一、ひいては普遍的な学校教育というものを制度化したプロイセンのシステムは、日本のみならず欧米に公教育というものを一般化する契機となり、学校建築にも大きな影響を与えた。

思い返せばランカスターも貴族や富裕層だけでなく労働者階級の子供に教育を与える目的で私設の学校をつくった。一度に大量の子供が学習できることを考え (彼の著作には「千人の貧しい子供たちの教育のために」という副題が付いていた)、そのための建築を考案し、実践した。量が問題になるとき新しい建築的なアイディアが生まれ、またその揺り戻しでそれに批判的な新しい建築が生まれる。それは現代においてもくり返されることになる。

戦後：モダニズムの建築として

明治期の学校建築で現存するものが、国・自治体を問わず多く文化財となっていることは先に述べたが、国指定の文化財の中でも戦

後の建築で注目したい作品がひとつある。八幡浜市立日土小学校（1955年）は当時市役所土木課建築係の職員であった松村正恒（1913-1993年）の作品で、重要文化財に指定されている。典型的な日本の学校建築は黒板に向かって教室の右側に廊下があり、その反対側である左側の窓から採光をしているが、これでは廊下側の生徒が手暗がりになりがちである。日土小学校より先に竣工している江戸岡小学校（1953年）のものをはじめとした彼のスケッチ［図16］と併せて見るとその意図がよくわかるのだが、松村はその問題点に取り組み、教室の両側から採光ができるような断面構成を追求していた。小学校の平面に表れている建築的な問題を、現代であれば設備的な

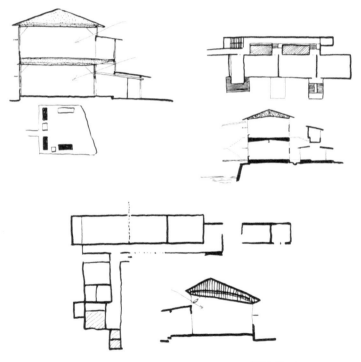

図16 松村正恒によるスケッチ
『素描・松村正恒』建築家会館 1993年

解決に頼るのであろうがそうではなく建築的に解決することを試みたところに、この作品のみならず松村の手がけた小学校群の価値がある。

　松村とほぼ同世代の建築家に坂本鹿名夫（1911-1987年）[**図17**]がいる。円形平面の合理性を追求し、いくつかの円形校舎を完成させている。戦後すぐ文部省管理局に学校建物規準調査委員会が設けられ、その委員の一人であった彼は木造及び鉄筋コンクリート校舎の規準づくりなどに携わったが、「その会議の席上、占領政策である自主的学究法即ち在来の教室にもっと掲示板やホームライブラリー（派出図書室）を取り、学生の意志発表や自ら進んで学び取る学習法などを奨励することとなったため」[4]、当初は既存の平面で廊下に面した窓を潰して掲示板などを設けたようだが、通風が悪くなり夏季の使用に不向きなことがわかり対策を迫られたという。そこで坂本は教室平面を扇型にして[**図18**]両袖の壁を掲示板などに使うことを思い付き、背面から空気を取り入れ、中心部にホールを取ることで換気を取り、採光も背面からの拡散光でまかなう計画を実験や計算で実証し、実施に移した。筆者が把握できたものだけでも全国に

図17　右から2番目が坂本鹿名夫、3番目は剣持勇、4番目はバックミンスター・フラー、5番目は丹下健三
『坂本鹿名夫作品集 円形建築 附経済的建築』建築綜合計画研究所 日本学術出版社 1959年

図18 扇型の教室平面 左右に掲示板がつくれる
『坂本鹿名夫作品集 円形建築 附経済的建築』建築綜合計画研究所 日本学術出版社 1959年

53棟もの円形校舎が、1952年から1959年の間に彼の手によって完成している。ちなみに現存している中でも三重県朝日町の朝日小学校は国の登録有形文化財に指定されている。また鳥取県倉吉市の旧明倫小学校は解体危機に晒されたが、市民らの保存運動によりフィギュア・ミュージアムとしてコンバージョンされ、現代に蘇っている。室蘭市の絵鞆小学校は2棟連結の校舎で現存する貴重な遺構だが、現在解体の危機に瀕している。[5]

成熟：再び、学びの形態と地域のシンボルへ

　建築計画学の分野でも盛んに提唱され研究された建築の平面とその運営方式に、「オープン・システム」というものがある。これは「学校において、クラスルーム間の間仕切りをオープン化し、弾力的

で多様な学習形式の展開に対応しようとする形式」（建築大辞典第2版）で、さらにこのコンセプトを全校的に展開した「オープン・スクール」は「1960年代からアメリカで起こった学校変革の運動の一」とされ、「児童および生徒が主体的に学習することを重視して、学級や学年、教科、時間などの枠を取り払って柔軟に対応できる学習空間を備える。地域社会と学校の壁を取りはずすという意味で用いられることもある」（同書）。坂本も「自主的学究法」から新しい空間を提案していたが、その定型である円形平面が完成したころに、欧米ではさらに革新的な平面計画が模索されていた。つまり20世紀半ばからの学校の平面は、自主的・主体的な学習というキーワードのもとに開発されていったと言っても過言ではではないだろう。

　オープン・システムの萌芽はイギリスのイヴリン・ロウ小学校（1965年）に見るのが一般的である。そこではひとつグループに対して帰属場所となるベースと呼ばれる小規模な部屋、オープンな学習スペース、クローズな学習スペース、作業などをするスペース、屋外空間が連続してつながり、弾力的な学習を可能にしている。初源にして現在も参照されているオープン・システムの古典である。総じてイギリスの意欲的な学校建築は小規模で多様な空間が連続しているのが特徴のようである。

　一方アメリカではAVやコンピュータも使ったレファレンス機能をメディア・スペースと称して中心に配した大きな空間をフレキシブルに仕切って使うオープン・システムが登場した。フォドリー・コミュニティ・スクール（1973年）はその典型とされる。採光や通風とは無縁に完全にコントロールされた環境とその内部空間はショッピング・モールや博物館のそれに近い。

　その後日本でも盛んにオープン・スクールが研究され実例が積み上がった。ここでその詳細を論じるには紙面が足らないのだが、ひとつの建築作品としてその存在を知らしめた小学校に、原広司（1936-）による那覇市立城西小学校（1987年）を挙げる事ができるだろう。首里城の入口、守礼門のすぐ眼下に位置するこの学校は、

オープン・システムの開放的で分節された平面とその単位空間ごとにかけられた屋根の意匠が、単なる建築計画学的なギミックを超えて沖縄の気候や風土とも一体に感じられ［**図19**］、まさに地域と学校の連続性を実現している。

　設計ユニットであるシーラカンスは幕張の集合住宅街に今やオープン・スクールの代名詞的な作品として語り継がれるようになった千葉市立打瀬小学校（1995年）［**図20**］を完成させ、この作品は1997

上／**図19**　那覇市立城西小学校 1987
（筆者撮影）
下／**図20**　千葉市立打瀬小学校 1995
（筆者撮影）

年度の日本建築学会賞作品賞を受賞している。現地を訪れた人は目の前の公園と街区とに連続した学校の開放感にまず驚くであろう。城西小学校と正反対で、歴史をまったくもたないニュータウンに、視覚的にも施設としても寄るべきひとつの核を新たに提供したとも言え、まさにオープン・スクールというコンセプトそのものといった学校建築である。また児童たちの学習行動を緻密に計算したその校舎内の空間は日本におけるオープン・システムのある到達点を示している。

　阪神淡路大震災、新潟県中越地震とも都市に大変な被害を出したが、東日本大震災は町や村を消滅させるような甚大な被害を出し、建築界では20世紀的な建築や都市計画から発想の転換を迫る契機となった。以降は建築を学ぶ学生からも、「地域」や「活性化」「まちづくり」などの言葉が頻出するようになった感がある。釜石市立鵜住居小学校・釜石東中学校・鵜住居幼稚園・釜石市鵜住居児童館のコンプレックス（2017年）はシーラカンスアンドアソシエイツ（CAt）の設計である。何もなくなってしまったかのような町の高台に無理な掘削をせず斜面なりに建てられた校舎に、階段を上って子供たちが登校する姿を見ることができる［図21］。その風景はまさに復興する町のシンボル足り得るのであろう。さあこれからというときに地域の大人たちが地域の子供達に対して抱いた想いというのは、おそらく開化期のそれとも違わないはずである。多くの近代遺産としての学校建築と同様、この鵜住居の学校はその想いが長く保たれる学校になるのではないだろうか。
　改組後のもう一方の組織であるシーラカンスK&Hは盛総合設計とともに東松山市立宮野森小学校を完成させている（2017年）。こちらは地元宮城県産と福島産のスギを使った木造校舎で、集団移転先となった高台の造成地の縁に位置し、裏の山と構造体とが新しい土地に拠り所となる風景を提供している。山と一体となって学習ができるよう北側に大きな開口部をもつ教室が並ぶ点、昇降口から教

図21 釜石市立鵜住居小学校・釜石東中学校・鵜住居幼稚園・釜石市鵜住居児童館 2017（竹中敦哉撮影）

室への動線上にメディアセンターのような図書室がある点などは、小学校建築のプランニングの妙である。

　災害があるたびに映像で映し出される学校の風景で、まず思い出されるのは体育館である。平時は学校のカリキュラムで使われる以外は休日にスポーツクラブに貸し出されるといった用途で使われるが、こうも災害が頻繁に起こると、体育館の災害時の避難所としての機能は応急処置的なものではなくひとつの用途として計画しなくてはならなくなるだろう。そこで想起されるのは空調設備の問題である。マクロ的に考えると2017年度段階で全国の公立学校における体育館の空調設置率は1.2％である。地域にもよるが真夏や真冬に人口が密集した地域で災害が起これば、避難所での災害関連死は痛ましい数字になりかねない。もともと体育館には天井を貼っていない所が多いが、せっかくあった天井も震災で天井の崩落が相次い

だため、下地の補強ではなく天井そのものを撤去してしまう例も多いようである。温熱環境的にはますますマイナスとなってしまう。

　問題は空調だけではないので、避難所としての体育館・避難所としての学校にはすべてを包括的に改善できるアイディアが求められる。時代は少し遡るが杉並区立杉並第十小学校は蚕糸試験場跡地に公園と一体で地域の防災拠点となるべく計画された意欲的な試みである（1986年）[**図22**]。新しく整備された蚕糸公園と小学校との所有上の境界は小学校のグラウンドの中途にあるという。そのことにより未来に渡って学校と公園が垣根なく使われることが期待されている。また都市部に特有の話だが、都市計画上の制約で区民にも開放されるプールを地下につくらざるを得なかったという。そのプールの上に体育館が載っている。それが副次的に、冬でも底冷えしない体育館になっていることは災害時にも有益である。

図22　杉並区立杉並第十小学校 1986（筆者撮影）

学校建築の近未来を考えたとき、必然的に考えなくてはならないのは廃校の問題であり、そのリノベーションである。少子化に伴い公立学校の統廃合は避けられない現実だが、その校舎をリノベーションして成功する事例が増えてきた。文部科学省も「廃校活用にあたっての国庫補助」、「みんなの廃校プロジェクト」、「廃校リニューアル50選」といった施策を打ち出して積極的に支援している。

　必ずしもこれらの施策に則ったプロジェクトではないが実例をいくつか挙げていく。氷見市役所は旧富山県立有磯高校をリノベーションした庁舎である。メインとなっているのは体育館だった建物で、高すぎる天井を低くしたりボックス状の小部屋を点在させたりして執務に適した温熱環境を実現している。また栃木県大田原には旧蜂巣小学校の木造校舎をリノベーションしたカフェがある。新旧

図23　大三島「憩いの家」（筆者撮影）

図24　台東デザイナーズビレッジ 2004 エントランス部（筆者撮影）
図25　台東デザイナーズビレッジ隣接する公園から（筆者撮影）

を超えた地域住民の交流の場になっているだけでなく、障がい者就労支援施設として新たな学びの場に生まれ変わっている。愛媛県今治市の大三島には建築家伊東豊雄の伊東建築塾監修による旧宗方小学校の木造校舎を利用したコンプレックス「憩いの家」があり、しまなみ海道の観光ポイントにも挙げられている［**図23**］。東京都内では台東デザイナーズビレッジが先進的な事例である。旧台東区立小島小学校をリノベーションして（2004年）ファッションデザイン関係を中心にデザイン事務所が集まって仕事をする場となっている［**図24,25**］。IID世田谷ものづくり学校は世田谷区立池尻中学校の一部をリノベーション（2004年）したもので、やはりクリエーターを中心としたテナントに貸し出していてイベントも積極的に行われている［**図26**］。3331 Arts Chiyodaは旧千代田区立練成中学校と前面の公園を一体としてリノベーションした例（2010年）［**図27,28,29,30**］で、アトリエやミュージアムショップ、カフェのほかアートイベン

図26 IID世田谷ものづくり学校 2004（筆者撮影）

上／**図27** 3331 Arts Chiyoda 2010 前面の公園から
左中央／**図28** 3331 Arts Chiyoda 2010 メインギャラリーには学校の黒板と椅子が配されている
右中央／**図29** 3331 Arts Chiyoda 2010 教室は個々のギャラリーとなる
下／**図30** 3331 Arts Chiyoda 2010 階段室
（すべて筆者撮影）

トを中心とした活動を行っている。校庭があるべきところから公園につながっており人々の多彩な滞留が期待できる。台東デザイナーズビレッジもIID世田谷ものづくり学校も、また先の杉並区立杉並第十小学校も隣接して豊かな公園があり、都心のリノベーションが成功するひとつの条件としてそうした周囲の環境の良さが挙げられるのかもしれない。また東京に限らず都市部における学校のリノベーションはアートやデザインとの親和性が高く、事例はアトリエやシェアオフィス、ワークショップ用のスペース、ギャラリーや付随するカフェといったものが複合したものが多い。地方の事例を含め言うと、リノベーションの事例は特に建築的に特徴的な平面をもっているわけではない。典型的な学校の平面それ自体は、比較的無機質な大部屋の連続で、それがゆえに単一の用途に縛られない使い方が可能であり、複合的な用途へのリノベーションが期待できるだろう。片廊下式の学校平面は今や日本人にとっては世代を超えて共通のノスタルジーを感じる空間で、そこにもまた付加価値があるとも言えるだろう。都市部では用途に規制がかかるため限られた範囲でしか転用できないが、市街化区域を外れた地方ではニーズに応じた施設へと転用することが可能で、様々な世代が抱いている校舎への想いと相まって学校建築が再び地域のシンボルになると同時に、地域の付加価値を上げて町の活性化にも寄与することが期待できるのである。

1 = 溝岡 誠治『D・ストウの教育論におけるクラスルーム，運動場，ギャラリーとその発展英国における小学校建築に関する計画史的研究（3）』
　　日本建築学会計画系論文集2016年81巻719号 pp.35-45
2 = Malcolm Seaborne "The English School its architecture and organization Volume I 1370-1870" London, 1977
　　及び Malcolm Seaborne, Roy Lowe "The English School its architecture and organization Volume II 1870-1970" London, 1977
3 = 溝岡 誠治『クラスルームと運動場の起源に関する考察英国における小学校建築に関する計画史的研究』
　　日本建築学会計画系論文集2010年75巻654号 pp.1845-1854
4 = 『坂本鹿名夫作品集 円形建築 附経済的建築』建築綜合計画研究所日本学術出版社1959年
5 = 坂本鹿名夫に関しては千葉大学都市環境システムコース大川研究室OB島田大輝の卒業計画(2018年度)の示唆によるところが大きい。

5

図書館
LIBRARY

桂英史

デザインは時間の使い方に関する情報を整理することから始まる。それは雑誌のエディトリアルデザインであっても、日用品のプロダクトデザインであっても同様である。もちろん、その中には飛行機も建築も含まれる。デザインは消費という行為を構想し実現することである。建築が竣工してユーザーは自らの所有物に戸惑うことも少なくない。ここでどうやって本を読んだり働いたりすれば良いのかと。

建築家は図書館を空間として構想する。当たり前である。建築家は空間のデザイナーだからだ。ところが、図書館を工芸作品やオブジェ作品のように構想し、デザイナーの職責として何ら使い方のガイドラインを示していないと図書館のユーザーは将来にわたって続くはずの、「読む」「借りる」「調べる」あるいは「働く」「伝える」といった日常的な行為にイメージをもてず茫然自失としてしまう。建築を空間のデザインと考えるのは当然と言えば当然であるが、最終的には時間のデザインが重要となる。図書館は言うまでもなく書物の存在感とともにある。図書館をめぐる「使う」という行為の背景にある思想を考慮しておく必要がある。

古代

あまりにも有名な抒情詩人シモデニスの記憶術は、弁論家のキケロによって『弁論家について』という著作の中で紹介されたものである。一般的には人間の記憶力を向上するために考案されたものだとされている。

だがシモデニスの記憶術は、合理的に記憶という人間の認知能力を発揮させるための実利的な方法論なのではない。シモニデスが立ち向かったもの、それは記憶という人間の認知に訴える言論（ロゴス）の技術（テクネー）、つまり弁論術だったのである。だからこそ、キケロは記憶術を、修辞と弁論という技術（テクネー）という観点からも高く評価したのだ。

記憶術は後の思想家たちによって、その構造の根底にまで解体と構築が繰り返されていく。その解体へ誘導したのは言うまでもなく、世界の起源を見出し、世界のミニチュアを「場」として視覚化しようとする。図書館はその欲望に沿って、太古から建築として表現されてきた、理想的な意志の初源（アルケー）であった。

　リクワートは「原始の小屋」という建築としての古典的な理想をギリシアに求めてきた建築の歴史について、以下のように述べている。

　　芸術は発展によるのではなく、蓄積によって進歩することになる。そしてそのような視点に立てば、原始の小屋は文明人による偉大な創造のもっとも悲惨な祖型でしかない。

　とりわけ近代以降の建築は様式と意味でも、こういった理想的な意志の初源（アルケー）を探求する旅であり続けてきた。この旅は、文字による記述が口承文化を圧倒してきた歴史でもある。歴史を時間の流れだと考えると、ヨーロッパの歴史そのものが文学的教養人による君主型知識社会の形成にかけた時間にあるのかもしれない。

　そもそも西洋的な知識社会の歴史は、文字による記述が口承文化を圧倒してきた時間の積み重ねでもある。ヨーロッパの歴史そのものが文学的教養人による君主型知識社会の形成の推移と密接な関連をもつことは言うまでもない。君主型知識社会は信仰や啓蒙といった要素を取り込みながら、ある種の階級社会のバランスを絶妙にコントロールしてきた。

　文化（culture）とは耕作（cultivation）を語源とする概念であるが、その場所に特有な（site-specific）結びつきを表現したものすべてを文化として位置付けることができる。図書館はその場所に特有な（site-specific）結びつきに関する来歴や典拠（権威）を保管した場所にほかならない。したがって、図書館の祖型はアーキテクチャ（設計思想）次第で、いかようにも時間を視覚化できるのだ。

「棚の論理」と呼ばれるそのアーキテクチャは、ものの所有や蒐集を前提としている。古いものには記憶という認知の構造を超えた思考と想像力が内蔵されていると、古代から人間の生きる知覚と感情の世界に、資本としての「かたち」が視覚化される。世界という想像力にとって、「棚の論理」はもっとも基礎的なアーキテクチャ（設計思想）なのだ。

ルネサンス期

　本がまだ複製物でなかった頃、つまり鎖につながれた本を読むスペースとして図書館は、鎖につながれた本と一体化したレクターン（書見台）が内部空間の中心にあった。レクターンは書物を読む机としての機能だけでなく、書棚としての役割も担っていた。ミケランジェロが設計したラウレンツィアーナ図書館はその終焉期、初期刊本などが出回り始めた時期にできたものである。

　そのビルディングタイプを一変させたのが、言うまでもなく印刷技術というテクノロジーである。印刷技術に伴う出版点数の増大に伴って、図書館に期待される役割は大きく変化して、建築がとるべき選択肢もきわめて大きく広がった。その初期ルネサンスは、フィレンツェやローマの壮大な宮殿だけでなく初めて近代的な意味で住宅建築が本格した時期でもある。そこにはその後近代を経て現在に通じる、図書館独自の「棚の論理」が生まれた。その中でも特筆すべきことが、図書館をめぐる「棚の論理」から、「個室としてのストゥディオーロ（書斎）」が誕生したことである。

　ストゥディオーロは一般には、書斎、あるいは読書用のスペースとして、古代遺物や美術品のコレクションを収納しそれを展示する空間へと発展し、所有者の豊かさを顕示するためのヴンダーカマー（驚異の部屋）という表現の空間となる。フィレンツェのオニサンティ聖堂内に描かれたサンドロ・ボッティチェリの《書斎の聖アウ

グスティヌス》には、レクターン（書見台）が個人用に改造された様子やそれが置かれたストゥディオーロという個室の萌芽を垣間見ることができる。ストゥディオーロと呼ばれる、きわめて個人的な性格をもった個室は読書の空間としてだけではなく、他者を意識した自己表現としてデザインされていた。

　初期のストゥディオーロでは、レクターンが改造された書棚とそこに置かれる本や調度品は一望的な空間表現にとって重要な要素であった。つまり、書棚の配置とそこに並べられる調度品は力の表現となって一体化していたのである。

　レクターン（書見台）は、たいていの図書館で壁から直角になるように配置されていた。印刷された本が収納される書棚もこれにならうように、レクターンは壁から直角になるように配置された。そして、このレクターン・システムは書棚の間に窓が備えられ、ちょっとしたストゥディオーロとなるように閲覧机が置かれた。ストゥディオーロは読書用のスペースとして位置付けられることが一般的であるが、この空間を本に焦点を当てながら考えてみると、ハンフリー侯爵図書館（1598年）のように机が備え付けられた書棚（ストール・システム）の登場は、図書館にもストゥディオーロという書斎の考え方が導入されたとも言える。印刷技術は本から鎖を取るだけでなく、図書館建築にとって単なる収納機能を超えた「棚の論理」を刷新したのである。

オックスフォード大学ハンフリー侯爵図書館(1598年)

16世紀以降になってもイングランドでは、レクターン・ライブラリーが多くつくられたが、そのどれもがデスクにうまく光が当たるようにゴシック窓が配置されていた。ただ時代が進んで16世紀から18世紀にかけては、レクターン・ライブラリーにあって一体化していた閲覧と所蔵が分離していく歴史である。閲覧室と書庫が分離されることによって、書棚を見せるだけでなく、蒐集の空間としての役割も担っていった。もちろんこの背景には、ヨーロッパ各地に印刷業が発達して、俗語による出版の点数が飛躍的に上がっていたという背景がある。この過程にあって、壁面の使い方をきわめて重視して設計されている。壁がもつ内部空間の表現は、当時の聖堂建築などでも重視されそこでの主役がフレスコ画などであったように、きわめて重要な表現の要素であった。図書館でも壁面を利用したウォール・システムを採用した図書館が登場するようになった。

　建築に21年を要し1581年に竣工したエスコリアル修道院図書館（スペイン）は壁面に埋め込むように配置した、かなり早い時期にウォールシステムを採用した大規模な図書館である。その「棚の論理」はその後何世紀にもわたって、ウォール・システムのモデルとして多くの図書館に引用された。

　こうした収蔵によるコレクションは、やがて王侯たちの大コレクションを収蔵する、公共的な性格を備えたギャラリー空間へと発展し、これが近代的な図書館や博物館・美術館の原型となった。

　ただ壁面を利用したウォール・システムには採光の点で致命的な問題点があった。背の高い書棚が林立したウォール・システムは、壁面を書棚で覆ってしまうために、室内の採光の状態をひどく悪化させてしまった。そこで、レクターンの間にゴシック窓を設けて机の周りを光で包むような設計が一般的となった。だが書棚が高くなればなるほど、採光する窓も位置も高くなった。

　外観がきわめて政治的であるのに対して、図書館の内部空間は、知の劇場と言っても良いほど綿密に演出されてきた。その劇場では

整然と並んだ書物が均衡をもつ美しい秩序として表現されなければ
ならなかった。そして、そこにいるだけで人々は知の恩恵を受けて
いるような気がしてくることも重視される。さらには、そこでの演
出で重要な役割を果たしている光が恩恵を恩寵へと引き上げること
もある。ヨーロッパのエリート教育はまさにそういった特権的な知
へのアクセスによって支えられてきたと言って良いであろう。

　このようなアクセスを図書館に演出したのが、サー・クリスト
ファー・レン（Sir Christfer Ren）である。リンカン大聖堂図書館
（1674年）が代表作として知られるレンは、図書館における光のデザ
インに心血を注いだ建築家と言って良いであろう。レンにとって
は、光の恩寵により書物と向き合う特権的な時間をデザインするこ
とが図書館建築の設計だったのだ。

　レンはリンカン大聖堂図書館ではウォール・システムを、ケンブ
リッジ大学トリニティ・コレッジ・レン図書館ではレクターン・シ
ステムを採用したが、いずれも窓の位置を高くすることで室内に満
遍なく採光しようとした。そのため必然的に天井が高くなり、建築

左／リンカン大聖堂図書館（1674年）
右／レン図書館（1695年）

のヴォリューム自体も大きくなった。

　レンより一世代若い建築家ジェームス・ギブス（James Gibbs）設計のオックスフォード大学の図書館ラドクリフ・カメラ（Radcliffe Camera）はまさにその名の通り「円形天井の部屋」で、採光の解決策として提案され1749年に竣工した。意匠としても、機能としても、当時としては核心的な図書館建築である。オックスフォード大学のラドクリフ科学図書館として、現在でも閲覧室として使われている。図書館の内部空間で光と闇の交差しているトポス（場所の感覚）は、図書館に身を置く人々に世界あるいは宇宙を実感させ、様々なメタファを提供することになった。光がもたらす明るさは、世界を照らす明晰さの象徴でもある。また、照明が設置される以前の図書館にとって天窓から射し込む陽光は、書物にとって生命線であった。書物を読むという行為にとって光は生命そのものだったのだ。

ジェームス・ギブス設計『ラドクリフ・カメラ』(1749年)

近代

　ラドクリフ・カメラのような円形の閲覧室や天井からの採光は、19世紀になってアントニオ・パニッツィ発案の大英博物館図書館やアンリ・ラブルースト設計のフランス国立図書館あるいはアメリカ議会図書館（1897年）に受け継がれていった。

　こうしたエティエンヌ・ルイ・ブーレーの王室図書館再建案（1874年）をモデルにしたような大規模な国家レベルの図書館では、ウォール・システムのホール型閲覧室が一般化し、キャンチ・レバーの回廊が設けられたり、書棚を壁から直角になるように配置したストール・システムを併用したりといった「棚の論理」に加えて、図書館員の働く事情や利用者の多様化に伴う機能が盛り込まれていく。

　図書館建築にとって、光とともに重要なのは量（ヴォリューム）である。出版は資本のスケールを拡大しようとする人々の向上心や好

エティエンヌ・ルイ・ブーレーの王室図書館再建案(1874年)

奇心に応えてきたからこそ、社会のあり方にも決定的な影響力を与えることになった。

　19世紀から指向されてきた図書館のスケールは、巨大な百科事典としての図書館を表現しようとしたものである。それと同時に、量（ヴォリューム）の大きさ（スケール）が「豊かさ」を表現すると考えられてきた。その「豊かさ」への想像力は現在でも強く信じられている。英国図書館や米国議会図書館のような国立図書館の物理的かつ政治的な巨大さは今でも変わらない。国民国家を表象する図書館建築は「知は国家なり」という国民国家のあり方と密接な関係がある。

　フランスやイギリスなど産業革命を経た近代的な国民国家は、ガス灯が照明に用いられることによって、鉄骨構造による防火が豊かな国家的な資産の量（ヴォリューム）を守るために必要条件となった。19世紀中頃から、必然的に図書館は近代的なテクノロジーの先端的な受容者となったのである。20世紀の声を聞くに至って、国民国家にとって「知は資本（capital）である」とともに、国益（national interest）とは知の蓄積から生まれる利子となった。もちろん、そのような考え方は、現在の図書館的な基盤、図書館や博物館、美術館あるいは公文書館などが整備される必然性の背景となっている。また、19世紀から20世紀にかけての科学や技術の成果は、記録の形式に大きな影響を与えてきた。例えば、写真技術は印刷の手法を合理化しただけでなく、資料の形態そのものにも大きな影響を与えた。

　テクノロジーを受け入れた図書館建築は、アントニオ・パニッツィ発案の英国図書館やアンリ・ラブルースト設計のフランス国立図書館あるいはアメリカ議会図書館（1897年）に受け継がれていった。

　ところが、建築はかなり素朴なテーマとまだ格闘していた。高い天井窓から採光する規模の大きな円形閲覧室は、採光という点で難題が山積していた。火を使うわけにはいかないので、規模を大きく

すると、当然ながら冬はとても寒く、本を読む環境としてはそれほど快適なものではなかった。室内の照明という点でも、ガス灯からアーク灯に変えたり、発明されたばかりの発熱電球を試したりと、試行錯誤を繰り返していた。またガス灯やアーク灯あるいは不安定な電気系統のために、火事というリスクとは依然として戦わなければならなかった。鉄製の書架で閉架式書庫を構成するアイアン・スタック方式も一般的になっていたが、こうした堅牢さと重厚さが求められる中で、図書館は知の要塞のようになっていった。

　ボストン公共図書館のようなホール型閲覧室の開放感は火事のリスクヘッジでもあり、苦肉の策でもあったのかもしれない。グンナール・アスプルンド設計のストックホルム市立図書館（1928年）は、高窓のついた円筒形ヴォリュームが内部に大きな白い内壁の反射光で、広いホール型閲覧室を柔らかな光で包む。ストックホルム市立図書館で取ったアスプルンドのアプローチは、市民と呼ばれる公衆に向けたサービスが与件である近代的な図書館建築にとって、ひとつの解答であった。

　20世紀を代表する建築家の一人である、フィンランドのアルバ・アアルトは「図書館建築とは光の問題である」と述べた。20世紀を生きたアアルトも、本に囲まれたときの洸惚の正体が光であることを見抜いていたのである。もちろん、アアルトの指摘はもちろん単に採光や照明の問題を述べたものではない。世界観のメタファや権威が啓蒙（enlightment）を基礎とする近代社会の成り立ちと関係していることを示唆している。つまり、アアルトにとって光とは開明や啓蒙という理念を基礎とした近代社会のあり方そのものなのである。

　図書館建築は近代という時代の申し子のひとつである。図書館という空間で表現されている、量（マス）の大きさ（スケール）そのものが資本の大きさを意味していた。豊かさは規模の大きさで表現することができると考えられていたからである。そのような近代社会の

基礎が固まっていく段階で、書物はきわめて重要な役割を果たして
きた。

　近代図書館の成り立ちが、工業社会が生み出した人間の集団（労
働者）や時間（労働時間）などを基礎としていることは、図書館の歴
史に通じた人であれば誰でも知っている。イングランドにおける図
書館法が工場法と同じ1850年に制定されたのは、単なる偶然では
ない。
　時間が事実上市場原理に委ねられる社会的な概念となったときか
ら、建築は単なる空間表現であるだけでなく、時間のテクノロジー
となった。時間で雇用や労働が計られ、市場経済の中に組み込ま
れ、労使関係も賃金から給与で調整されることになった。教育や社
会改革運動は、少なくとも市場における優位性を前提にあくまで現
状肯定と生活の規律化に重点が置かれてきた。その現状肯定と生活
の規律化の延長線上に、アアルトが述べた「図書館建築とは光の問
題である」というテーゼはある。図書館を「使う」という行為につ
いて観察して、その「使う」ことを構想する図書館建築は時間と向
き合うことを宿命としていることをアアルトは示唆したのである。
　近代建築の先駆者であるオットー・ワーグナーは「強・用は、単
なる美の傍観者でなく、美を支配してそれと一者をなすものであ
る」と語っている。強くて機能的な建築が国家や社会の一体感や強
さを示しているとすれば、当然ながら図書館建築にもその美意識は
如実に反映されることになる。図書館の内部空間は「並んだ秩序」
が主役である。書物が整然と並んだ状態がなくては量を感じること
はなく、その内部空間を秩序として実感できない。現在多くの人た
ちが思い描く図書館 は「歴史の断面」あるいは「時間の蓄積」を感
じる場所でありつづけている。その実、近代以降の図書館建築は
ヴォリューム（量）やスケール（規模）を表現することがもっとも大
きな役割であると考えられてきた。なぜ建築は「棚の論理」として
ヴォリュームやスケールを引き受けなければならなかったのか。そ

れは国家を運営する側にとっては資本を実感させるためにもっとも
わかりやすい手段であるからだ。

「棚の論理」というアーキテクチャがもたらすのは、単なる学問
分野でもなければ、創造のための時間と空間でもない。アーキテク
チャを実感させる空間では、そこに「世界」という想像力が立ち現
れることで人々に知的興奮を与える。「世界」はごく日常的に使われ
ているけど、具体的には何を意味しているのか今ひとつわからな
い言葉である。「学問の世界」とか「歌舞伎の世界」といった具合
に、「分野」や「専門」には独特な共同体があることを示唆するとき
に、「世界」という言葉が使われる。このような「世界」は果たして
どのようにできているのか。

資料化されたアーキテクチャ。それを近代人たちは世界（ワールド）と呼んで
きた。資料は知性のあらゆる階層で、「理」（リーズン）として働きながら、それ
を記憶という精神の働きに事実を申し立てていく。このとき近代人
たちは、様々な記憶を結合して、世界をアーキテクチャとして了解
するのだ。

資料化された世界が記憶を表象しているという意味では、世界あ
るいは世界平和を書誌学と国際政治という結合術でつくり上げよう
としたアンリ・ラ・フォンテーヌとポール・オトレの試みはいわ
ば、20世紀の百科全書を編纂することだった。

アメリカ式3×5インチという定型の目録カードをコレクション
することを世界書誌と呼び、その編纂作業を行う国際センターの名
称は世界宮殿（Palais Mondial）と呼ばれた。世界書誌目録に収録さ
れた目録カードの数は1942年には1560万枚に達した。オトレらに
とって、資料は世界の根拠であり、資料を記述したアメリカ式3×5
インチの目録カードは世界の定型だった。そのとき、世界は現実か
ら生まれる想像力だけでなく、記憶の定型でもあった。そうした定
型の広がりが世界知識をつくるという考え方は20世紀後半になっ
てインターネットを生む想像力のさきがけとなったとも言える。世

界知識を追究し世界宮殿（Palais Mondial）と呼ばれていた国際的な学術研究機関を、1929年国際連盟10周年を機に、ジュネーヴに「ムンダネウム」(Mundaneum) と名を改め設立すべく、建築家ル・コルビュジエとともに世界美術館「ムンダネウム」プロジェクトを開始する。

　終わりのない開かれた書物は、ル・コルビュジエによって「成長する建築物」として素描された。そこで描かれた世界美術館の構想は螺旋状に無限に発展してゆくもので、あらゆる学術や芸術が時間の経過とともに、伝達形式としての情報が世界を拡張していく20世紀の世界観として構想された。

　中心から出発して、無限に拡張し続ける美術館という、ムンダネウムのコンセプト。これは、近代の手続き的な時間の量的な拡大を視野に入れたものと言える。1931年のパリ「現代芸術センター」プロジェクトにも引き続き持ち越され、以後ル・コルビュジエの生涯を通じて彼の美術館

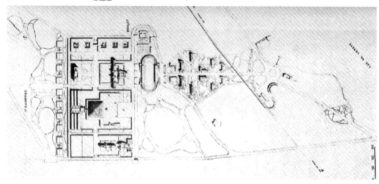

建築の基本的なコンセプトであり続けた。

　オトレは「世界書誌」や「ムンダニウム」以外にも、さまざまなアイディアで世界を表現しようとしたが、「世界知識としてのモンドテーク」のもそのひとつである。「世界の棚」としてのモンドテークはどこか20世紀のレクターンを夢想しているかのようでもある。

　その「モンドテーク」の構想から80年ほど経った2012年、人口75,000人ほどのオランダ西部にあるスパイケニッセ市に、建築設計事務所MVRDVがデザインした「Book Mountain（ブックマウンテン）」が出現したとき、「モンドテーク」を連想した人は多くはないかもしれないが、どこか妄想が実現したような建築だと感じた人は少なくなかったに違いない。寄棟の屋根形で構成された「本の山」である。建物としては、図書館の他に、環境教育センター、チェス・クラブ、オーディトリアム、会議室、商業施設などが入った複合施設である。図書館のヴォリュームは形態と素材（ガラス以外には再生されたレンガが多く使われている）から言って、伝統的なオランダの農家をモチーフにしたのではないかと一般的には言われている。視覚的には、「モンドテーク」でもあり、21世紀に出現した巨大なレクターンのようにも見える。

　「ブックマウンテン」で特筆すべきは、ユニークなピラミッド状のヴォリューム以上に、図書館における本の存在感がこれまでとは大きく異なる点である。ガラスのスキンであるため、紫外線による本へのダメージは当然懸念されるところであるが、ここでの本の寿命が4年とかなり短めに設定してあるため、特に問題がないらしい。視覚的には巨大なレクターンとはいえ、鎖につながれた本とはまったく対極にあり、使い捨ての印象すらある。本は図書館によっては、もはや半永久的にコレクションされるものではなくなってきた。数100年にわたって「本を守る」という使命を担ってきた図書館建築の役割も大きく変容しつつある。

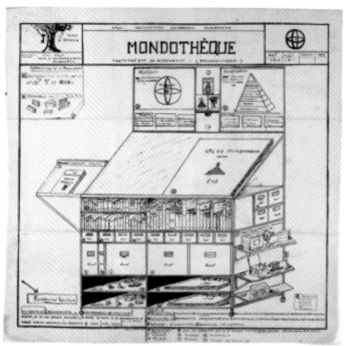

上／The drawing, drawn by Otlet's hand and entitled *Mondothèque-Pantothèque-Mundaneum-*(*Documentothèque*)
下／MVRDV「*Book Mountain*（ブックマウンテン）」（写真：アフロ）

ポストメディアの時代

　もはや資本主義はデジタル技術やインターネットの影響力に直面している。本が情報という概念で説明され、図書館は新しいメディアとの関係で構想されるようになった。そもそもコンピュータなどのメディアは「道具」や「資料」である以前に「素材」である。図書館建築はこの問題と向き合わなければならない。「道具」や「資料」という意味で永遠に可塑的な構造が続く「素材」によってどのような知の世界が開拓できるかを深く精密に考えながら、本の将来や図書館の存在意義を再考する必要がある。

　本は時間と関係するメディアである。建築はその特殊な時間の感覚を空間として表現するテクノロジーである。時間を提供する場所としての図書館、あるいは権威を表象する空間としての図書館を建築というテクノロジーでデザインするという考え方は単なる幻想なのかもしれない。その時間や権威こそが太古の昔から図書館建築が「思考の道具箱」となった理由であり、建築はその「思考の道具箱」の背後にある物語を引き受けてきたテクノロジーである。そのような観点から、本を読むことや図書館建築を見直すために、新しいメディアがもつ表現の地平にも向き合っていかなければならない。

「ブックマウンテン」や藤本壮介設計の武蔵野美術大学図書館（1957年）あるいはメキシコシティのホセ・バスコンセロス図書館（2006年）など、「棚の論理」のユニークさを強調することが多くなっているポストメディア時代の図書館を、コールド・ストレージという観点から考えてみると、資料の保存や提供という点から、何らかの示唆が得られるかもしれない。

　映画『コールド・ストレージ』は、ハーバード大学図書館の「ハーバード・デポジトリー」と呼ばれる広大な閉架書庫をめぐるドキュメンタリー映画である 。『コールド・ストレージ』はコンピュータの専門用語にちなんだタイトルである。めったに使われる

ことのないデータを、将来使われるかもしれない可能性を考慮して
どんなに巨大なデータになっても保管しておく保管庫がコールド・
ストレージである。

藤本壮介設計「武蔵野美術大学図書館」（武蔵野美術大学 美術館・図書館所蔵）

「ハーバード・デポジトリー」は、ケンブリッジ地区のメイン
キャンパスからおよそ50キロメートル離れた郊外にある巨大な収
蔵庫（閉架書庫）で、そこに使われるかどうかわからない900万点も
の資料（書籍、フィルム、LPレコード、テープ、パンフレットなど）を収蔵
している。まさにコールド・ストレージである。さすがはハーバー
ド大学、物理的な資料を「コールド・ストレージ」として保管して
いるのだ。この「ハーバード・デポジトリー」の棚の論理をかなり
クールに表現しているのが『コールド・ストレージ』である。一冊
の本がやってきて本棚に収まり、読者が本を手にするまでのプロセ
スを、ときにはユーモラスに描写するアラン・レネの『世界の全て
の記憶』を、『コールド・ストレージ』はカメラワークなどを含めて
トリビュートした映像作品である。

　アラン・レネがフランス国立図書館（BN）を撮った『世界の全て
の記憶』は、本を読むことで世界と向き合う「幸福」を描いている。
この「幸福」を映像に収めようとすること自体に、アイロニーがあ
る。本を読むことくらいで理想や世界を語り、図書館の棚を記憶の
すべてなどと思い込もうとする人間は、やはり知識に対して純朴で
ある。インキュナブラや初期刊本や、日々生産され続ける新聞や雑
誌まで、ありとあらゆる紙媒体を保管し分類し続けている当時のフ
ランス国立図書館も、基本的には「コールド・ストレージ」にほか
ならない。

　フランス国立図書館にしろ、「ハーバード・デポジトリー」にし
ろ、映像として表現された『コールド・ストレージ』は救いようが
ないくらい人間的である。『世界の全ての記憶』にも同様のシーン
があるが、『コールド・ストレージ』でも機械操作でチェックイン
とチェックアウトが行われているシーンがフォトジェニックに表現
される。

　誰の目にも火を見るよりも明らかな収蔵の限界をわかっていなが
ら、世界の頭脳たり得ようとするハーバード大学のプライドは涙ぐま

しい。世界の頭脳を目指すなんて、あまりにも愚直で人間的である。

『コールド・ストレージ』には意匠を凝らしたウェブサイトでの公開を含め、ハーバード大学独自の「棚の論理」を実感せざるを得ない。それと同時に、涙ぐましいまでの人間臭さを振りまいている、映画『コールド・ストレージ』が表現しているような棚の論理が成立する背景には、ひとつの「資本論」が潜んでいる。

資本主義における「他者」は、モノの所有を明らかにすることによって必然的に立ち現れる。ひとつの美しい石を見かけてその美しさに魅了された人はその石の所有を考えるようになる。「人のものかもしれない」あるいは「誰も見たことがないものかもしれない」という他者の想定によって、所有という考え方は欲望に変わる。「わたし」という主体をめぐる物語が「モノ」をきっかけとして始まる瞬間である。モノという他者を「わたし」がさらに他者化することによって、「わたし」をモノの系列として位置付けるようになる。この「わたし」という主体性を表現することの核心は、その実、資本の本質に触れるものである。数種類の美しい石を独占的に蒐集して、並べることによって、違いのある美しさをほかの誰かに誇らしげに見せようとするかもしれない。この世にある「美しい石」は、当初から「美しい石」としてこの世に存在したわけではない。言わば「無からの創造」として、「美と醜」という価値の判断を超えて、「美しい石」が所有の対象に変貌を遂げると同時に、モノの存在そのものが「わたし」を通じて「世界」という回路に編入されてくる。裏を返せば、石の採集を一人占めした人は石の価値をコントロールすることもできる。つまり所有したいという欲望によって石というモノは資本に組み込まれる。こうしてモノは「世界」の一部となって資本化されていく。ハーバード・デポジトリーの「棚の論理」を視覚化した『コールド・ストレージ』は、モノが「世界」として資本化された「なれの果て」でもある。

建築を巨大な書物と見なす考え方は、昔から当たり前のように指摘されてきた。例えば、教会建築は聖書としての役割を果たしてい

るとも言われてきた。図書館建築は聖書を実体化し世界を感じさせるとともに、人々へ権威を実感させるテクノロジーだというものである。つまり、図書館建築は世界観のメタファ（比喩的な象徴）であると同時に、モノが「世界」として資本化された「なれの果て」が秩序として表現されている。

　文字が読めない人々が多かった時代には、建築だけでなく、彫刻や絵画で飾られたカテドラルの中を歩きながら聖書を「読む」ことができたわけである。つまり、建築物の中に身を置くことは「読む」ことを意味していた。ここから建築を巨大な書物と見なす考え方が登場しても不自然ではない。現在でも「扉」と呼ばれる表紙が書物の冒頭を飾っている。書物には世界を感じ知るために押し開く扉があり、図書館建築は権威を演出する表象としての役割も与えられてきた。建築という構築物そのものの芸術としての作品性は別にして、ときの施政者や権力者は、建築で権威や権力の強大さを表現しようとしてきたのである。

　モノが「世界」として資本化され、棚の論理というアーキテクチャができ上がるプロセスは、「世界」を実感しようとする「わたし」にとって、なくてはならない模型（モデル）なのだ。アーキテクチャ（設計思想）によって、他者を想定し対象となるモノを「他者ではないモノ」にすること、つまり所有し支配する蒐集物コレクションとすることによって、「わたし」は世界を資本化する第一歩を踏み出すのである。「棚の論理」と呼ばれるそのアーキテクチャは、記憶という認知の構造を超えた思考と想像力を通して初めて、僕たちの生きる知覚と感情の世界に、資本としての「かたち」を視覚化する。世界の資本化にとって、棚の論理はもっとも基礎的なアーキテクチャ（設計思想）なのだ。

　そして、「知は資本（capital）である」という考え方を社会経済的な文脈でも加速させてきた20世紀は、コンピュータという機械を世に送り出した。そして、21世紀は記録のあり方や図書館という考え方そのものに修正を迫っている。

デジタル技術とインターネットを向き合う図書館は、こういう加速された知の資本化や集約化を促しポスト産業主義社会の主役に抜擢されるまでになっている。「ポストメディア」は1990年にフェリックス・ガタリが現在で言うところのデジタライゼーションによって、本、新聞、雑誌などの「読者」やテレビやラジオなどの「視聴者」などが溶解し、メディアの実践と受容が大きく変容する状況の到来を総称してポストメディアと呼んだ。

　ガタリが予言したように、ポストメディアの状況が著しく進行する状況にあって、図書館とユーザとの関係は難しい課題に直面する。もちろん、著作権など現行の社会システムの問題もあるが、文化という点からは、図書館に人々が求めてきた「場所」としての特性をどのようにデジタライゼーションは担保しているか、という問題には依然として図書館建築も向き合わなければならない。

　これまでの図書館が収集の対象としていなかったようなものも蓄積可能なデジタル技術を駆使して、情報流通の基盤が整備されることによって、あらゆる知的な興味の対象が、好むと好まざるとにかかわらず、大量消費可能な商品になり得ることがさらに促されることになる。その一方で、秘境の中に閉じ込もって知的洗練を追い求める傾向がある専門家や好事家に向けた図書館が、懐古趣味（アルカイスム）や綿密な読解を満たす新しい「場所」となる可能性もある。図書館に求められる「場所」としての特性は、単なる技術開発の問題だけではなく、すぐれて社会経済の問題となりつつある。

　デジタライゼーションを獲得した図書館建築は、科学と文化がどのような衝突あるいは融合の場となるか、という実験のフィールド（場）を形成しつつある。すぐれた実験が繰り返されることによって、「図書館が保証する知の典拠（権威）とは何か」あるいは「知とは何か」という問いは、改めて新鮮さを伴ったものになる。

6

美術館
MUSEUM

五十嵐太郎＋菊地尊也

第一世代のミュージアム：古代から近世まで

　本章では、博物館と美術館の歴史を取り上げる。英語で表記すると、前者はミュージアム、後者はミュージアム・オブ・アート、すなわち美術を陳列する博物館であり、「museum」の語源は、ギリシア神話における詩や音楽をつかさどる女神ミューズ（muse）の神殿に由来する。図書館と同様、紀元前300年、アレキサンドリアに絵画や彫像を展示する教育機関ムセイオンが設置されたことが、最初の博物館だと考えられている。美術館は、アートを一般に向けて展示する活動がどうしても目立つが、ほかに重要な役割として、作品を収集・保管し、人類の資産を未来に継承し、また学芸員が研究を行うための施設でもあることを忘れてはならない。自然科学や人文科学に関するモノを収蔵する博物館も、同様の機能をもつ。

　収蔵という機能に着目すると、神々の彫像を設置していた古代ギリシアの神殿、シルクロードから伝わった至宝を保管していた正倉院のような倉庫が、美術館の祖先になるだろう。また中世の教会は、聖遺物や儀式の道具を収蔵していたが、当時の一流アーティストが手がけた壁画、彫刻、ステンドグラスの図像を備えた常設のギャラリーとしても解釈できる。

　近世には「驚異の部屋」と呼ばれるプライベートなコレクションが登場するが、これは一般に公開されるものではなく、上層階級だけが鑑賞する空間であり、また展示は雑多で、様々なジャンルのものが混ざっていた。しかし、18世紀の啓蒙主義の時代になると、各部屋に磁器や宝石など、それぞれの分野を割り当てた理想的な博物館のプランが提案される。

　17世紀に公開されたオックスフォードのアシュモレアン博物館や、ドイツのマンハイム博物館などの事例が先行しているので、必ずしも最初の公共のミュージアムではないが、世界でもっとも有名なルーブル美術館は、歴史的な事件を契機に誕生した。それは1789年のフランス革命である。王が処刑され、主人を失ったルー

ルーブル美術館（筆者撮影）

ブル宮殿は、市民が無料でコレクションを見学できる美術館として
生まれ変わった。そして19世紀は万博のシステムが始まるととも
に、世界各地でミュージアムが増え、国民に対する啓蒙的な役割を
担う。ときにはロンドンの大英博物館のように、海外から収奪した
モノを展示するという国力の誇示も兼ねている。ルーブル以外にも
宮殿や貴族の館が美術館に転用される事例があるように、美術館の
起源には政治的な意味も埋め込まれた。日本の場合も、長く続いた
江戸幕府の体制が終焉し、明治時代を迎え、近代化とともに博覧会
が開催されるようになり、西洋的な博物館も整備された。
　後のミュージアムのデザインに大きな影響を与えた建築の事例を
いくつか紹介しよう。ジョン・ソーンによるロンドン郊外のダル
ウィッチ・ギャラリー（1814年）は、絵画専用の美術館として初めて
つくられた施設であり、いずれも天井から採光する正方形と長方形
の部屋が交互に並ぶ。シンケルによるベルリンのアルテス・ムゼウ

ム（1830年）は、正面に壮麗な列柱廊、中央にパンテオン神殿のような象徴的なドームをもつ円形ホールを備え、格式あるミュージアムのプロトタイプになった。また1階は古代遺物、2階は絵画を展示している。そしてレオ・フォン・クレンツェによるミュンヘンのアルテ・ピナコテーク（1836年）は、細長いヴォリュームをもち、1階を収蔵庫、図書室、版画室、2階を展示スペースとし、時系列をベースとしつつ絵画の流派別に配列した。3列の平面は、中央をトップライトから採光する大部屋とし、南側は移動用の廊下、北側の小部屋群は小さな絵画に割り当てた。人工照明が発達していない時代ゆえに、展示施設における天井や高窓からの採光は重要なテーマだった。

　ちなみに、ポストモダンの美術館において、ダルウィッチ・ギャラリーとアルテス・ムゼウムが参照されている。前者の空間の形式は、磯崎新の水戸芸術館において引用され、後者の平面構成は、ジェームス・スターリングのシュトゥットガルト州立美術館の下敷

アルテス・ムゼウム（筆者撮影）

きになったが、中央はドームではなく、円形の屋外広場に変化した。ところで、磯崎は、美術館建築の第三世代を提唱したことでも知られている。すなわち、もともとは別の場所にあった彫刻の台座ごと運び込むような第一世代の美術館（ルーブルや大英博物館など）、アート作品の売買や交換可能性を前提とし、均質なホワイトキューブの空間をもつ第二世代の美術館（ニューヨーク近代美術館など）、そして作品が建築と分かちがたく結びつくサイトスペシフィックな第三世代の美術館（奈義町現代美術館など）である。本章の区分けもおおむねこの分類に近いが、この議論自体が彼の奈義町現代美術館とともに発表されたものであり、自作の正統性を説明するために書かれたものなので、むやみに絶対視する必要はないだろう。

第二世代のミュージアム：20世紀の建築

　20世紀のミュージアムの特徴を表すキーワードとして、ホワイトキューブ、ポストモダン、サイト・スペシフィックなどが挙げられる。その具体的な事例を年代順に概観する。

　ホワイトキューブとは白く四角いグリッドのルールに従って部屋が分節された展示空間を指し、どのような美術作品にも馴染み得る均質さをともなう。特に、20世紀前半に登場した抽象絵画や彫刻などのモダニズムの美術作品と相性が良い。

　その代表格がニューヨーク近代美術館（1939年）である。ガラスの水平窓で覆われたボックス型の美術館で、後年にはフィリップ・ジョンソンやシーザー・ペリによる増築も行われた。50年代には中庭に、吉村順三による日本館「松風荘」が展示されたことでも知られる。ミース・ファン・デル・ローエのベルリンの国立美術館（1968年）は、鉄骨による正方形の大屋根とガラスで構成され、柱やタイルの配置がすべて正方形のグリッドに基づいて決定されている。展示室としての機能は地下にまとめるなど、とても合理的な空間設計となっている。一方国内では、磯崎新の群馬県立近代美術館

が代表的なホワイトキューブの建築である。12メートルの立方体のフレームを組み合わせることで全体のかたちを決めている。アルミパネルによる外装と合いまって落ち着いた印象を与えるが、ピロティをもつ展示棟は角度を振ることで外観に表情を与えている。ルイス・カーンのキンベル美術館は、6つの蒲鉾型のヴォールト屋根を大きな特徴とする。屋根の反復に合わせ展示室も長方形単位で分節されている。天井には専用の照明器具が組み込まれており、細長い隙間を介して光を取り込む。

20世紀後半は国内各地で公立美術館がつくられた時代でもある。

坂倉準三による神奈川県立近代美術館は1951年に開館した日本初の公立近代美術館である。中庭を取り囲む「ロ」の字型の構成が特徴である。1階のテラスは池に面し、自然との調和が図られた。メインの展示室は2階部分におさめている。また展示用のガラスパネルを傾け、反射による鑑賞の妨げが起こらないようにしていることも独自の工夫のひとつだ。

前川國男は、ル・コルビュジエによる国内唯一の建築である国立西洋美術館の設計に坂倉準三、吉阪隆正とともに携わり、1960年から晩年の1980年代にかけ、国内各地の数多くの美術館を手がけた。熊本県立美術館ではコンクリート打ち込みタイルや格子状の梁など、前川建築では馴染み深い意匠がふんだんに用いられている。エントランスへ至るアプローチに複数の小階段を設けることで歩行体験に楽しみを付与したほか、既存の土手や樹木を残すなど周辺環境への配慮もなされている。

谷口吉生はアルミとガラスを用いた軽やかで洗練されたデザインの美術館を得意とする。丸亀市猪熊弦一郎現代美術館（1991年）では駅前広場に向かって大きな門型のファサードを設け、町に対して開放的な構えとした。東京国立博物館法隆寺宝物館では、建物の手前に水盤を張り、展示室ごとに照明の明暗をコントロールすることで緊張感のある外構を形成した。

近代以降の美術館は、意匠の洗練にのみ向かったのではない。収

上／旧神奈川県立近代美術館　左／キンベル美術館　右／群馬県立近代美術館
（すべて筆者撮影）

蔵数の変化やスムーズな展示動線を念頭に、展示に関するシステムに工夫を凝らした美術館も存在する。コルビュジエは、無限成長美術館の計画において、収蔵品の増加に合わせ、直方体のチューブが回折しながら伸長する構想を提案した。フランク・ロイド・ライトのグッゲンハイム美術館は、巨大な吹抜けを中心に斜路が螺旋状に連なる空間構成のミュージアムである。鑑賞者は斜めに旋回するスロープを辿って展示室を移動する。従来の展示施設の慣習から解放された、自由で楽しげな建築となっている。また吹き抜けの最頂部にある十二角形の天窓から外光を得ている。

黒川紀章による国立民族学博物館は、増築することを念頭に据え、中庭を抱え込む複数の「ロ」の字型のブロックで建築が構成されている。実際に竣工後、数度の増築が行われており、60年代に黒川らが提唱したメタボリズム建築の理念を体現している。また中央部には「未来の廃墟」と名付けられた段々状の広場も設けられている。

　ホワイトキューブの建築の多くは鉄筋コンクリートでつくられているが、70年代になり、メタリックで近未来的な意匠を特徴とするハイテックスタイルの美術館が登場する。その代表作がレンゾ・ピアノとリチャード・ロジャースによるポンピドゥー・センター（1977年）である。構造体や配管ダクト、エスカレーターを外部に露出することで、内部は無柱の大空間を形成。多様な展示に適応可能なフラットな空間をつくり出した。

　80年代にはポストモダンの建築が登場する。テクノロジーを意匠に還元するハイテックに対し、ポストモダンの建築は意味の過剰

ポンピドゥー・センター（筆者撮影）

さやずらしをともなった表現を特徴とする。ジェームズ・スターリングのシュトゥットガルト州立美術館 (1984年) は、19世紀の建築家カール・フリードリヒ・シンケルによる建築形態を参照し、中央部に遊歩道付きの巨大な円形の中庭を抱えている。建物の随所には列柱やアーチなど、歴史上の建築物から参照が見られ、素材も石貼りの壁、カーブしたガラスなどバラエティに富んでいる。複数の意匠をパッチワークする手つきはポストモダンならではのものだ。

　90年代の美術館にはサイト・スペシフィックのアート作品のための美術館が登場する。サイト・スペシフィックの作品群は、立体的なインスタレーションやランドアートのように、作品とそれを設置する空間の結びつきを強固なものとしている。したがって美術館も、その場所に行かなければ味わうことのできない固有の体験を生み出すことを念頭に設計される。代表的な事例が磯崎新の奈義町現代美術館 (1994年) である。敷地内には巨大円筒、直方体などの単純な形態のヴォリュームが点在し、3組のアーティストの作品を展示する。例えば円筒型の「太陽」の展示室内では、荒川修作＋マドリン・ギンズによる龍安寺の石庭から想を得た巨大なインスタレーションが設置されている。

　同じく90年代は、均質さを残しつつ非直角的な空間を指向した美術館が数多くつくられた時代でもある。レム・コールハースによるオランダのクンストハル美術館 (1992年) は、直方体のヴォリューム内に車両用の通り道を貫入させ、さらに建物内にはせり上がるスロープ状の床面を挿入。傾いた空間を上手く利用し、オーディトリウムや展示室をおさめている。ダニエル・リベスキンドのベルリン・ユダヤ博物館はホロコーストに関する資料を含む、ユダヤ人の歴史と文化を扱う博物館である。ぎざぎざの鋭角的なプランニングを特徴とし、壁面にはいく筋もの細長い開口部が錯綜する。

　こうして均質なホワイトキューブから、より自由で開かれた展示形態へと発展した20世紀の美術館建築は、続く21世紀になると、いっそうの多様化を迎えることとなる。

第三世代のミュージアム：21世紀の建築

　21世紀以降の美術館建築に関して、ひとつの論点に集約して説明することは難しい。

　そこでパラレルに進行している複数の動向を指摘しよう。まず海外において顕著だが、第1に、グローバリズムの影響と美術館の巨大化である。第2に、工場や倉庫などのリノベーション、あるいは美術館の増改築。第3に、ファッション・ブランドなどの民間企業によるプライベート・ミュージアムの活動である。続いて第4は、個性的な空間、あるいは建築自体がアート作品のように目立つデザインをもつこと。そして第5は、特に日本の地方都市において、まちなかの美術館が増加していることだ。すなわち、国内外において美術館は必ずしも同じ方向に走っているわけではない。以下、順番にそれぞれの流れを見ていこう。

　第1のグローバリズムと巨大化は、世界的に活躍するスター建築家が手がけるフランチャイズ型の美術館を出現させた。例えば、ジャン・ヌーヴェルのルーブル・アブダビ、ポンピドーセンターが提携しているデヴィッド・チッパーフィールドによる上海のウエスト・バンド美術館（2019年）である。21世紀の新しい潮流は、フランク・ゲーリーが設計したビルバオ・グッゲンハイム美術館（1997年）から始まった。巨大な彫刻のような造形をもつ美術館が、人気の観光地となり、衰退しかけていた工業都市を再生させたからである。なお、その複雑な造形は、コンピュータによって可能になった設計と施工のプロセス

ビルバオ・グッゲンハイム美術館（筆者撮影）

を含む。同じフランス国内だが、坂茂のポンピドーセンター・メスや、SANAAによるルーブル美術館ランス別館（2012年）も登場したように、有名な美術館は各地に拠点を増やしている。後者はランドスケープと呼応するアルミの鏡面仕上げの外観も興味深いが、床に微妙な傾斜がある常設展示室「時のギャラリー」は、ユニークな空間デザインだ。120mに及ぶ細長い空間において、絵画や彫刻が時系列に従いながら群島状に配置され、古代から19世紀まで、5000年以上の美術史を一望できるからだ。

　建築家のグローバリズム化を象徴する極端な事例は、韓国の財閥サムスンが、2014年にオープンしたサムスン美術館リウムだろう。これは3棟から構成され、マリオ・ボッタは曲面に沿って展示室が続く逆円錐形のミュージアム1、ヌーヴェルはボックスがランダムにはりだすミュージアム2、レム・コールハースはフレキシブルに対応できる空間をもつ児童教育文化センターを担当し、各国の建築

サムスン美術館リウム（筆者撮影）

家の個性を生かしている。ボッタ棟の外観は、質感のある素材を好む彼らしく、テラコッタを用い、古美術のコレクションによく合う。一方、ヌーヴェル棟はステンレス鋼とガラスの硬質な建築であり、現代美術が展示される。そしてコールハース棟は内部に黒いコンクリートの展示室が浮かび、最先端のアートを紹介する。この美術館はアートだけでなく、建築家もコレクションの対象としたのだ。なお、日本では、目立ち過ぎるとかえって批判の対象となるためか、こうした流れに追従する動きがなく、別の道を歩んでいる。

　第2のリノベーションとしては、産業施設の転用が注目される。例えば、いずれも発電所を改造したロンドンのテート・モダン（2000年）や上海万博跡地のパワーステーション・オブ・アート（2012年）、隈研吾が川辺の倉庫を増改築したブザンソン芸術センター（2013年）、工場を転用した北京の798芸術区、田根剛による弘前れんが倉庫美術館（2020年）などが挙げられる。昔の絵画や近代美術のサイズを意識して機能的に設計されたモダニズムの美術館は、巨大化する現代アートの展示には向かなくなったのに対し、こうしたリノベーションによる美術館は、むしろもともとは別の用途でつくられた大空間を内包しており、現代アートのダイナミックな

左／テートモダン（筆者撮影）右／シンガポール国立美術館（筆者撮影）

インスタレーションに生かしやすい。

　隣接する築80年の旧最高裁判所と築90年の旧市庁舎を合体させたシンガポール国立美術館（2015年）は、国が経済だけでなく、文化先進国を目指すルネッサンスシティ構想を掲げて、誕生した。いずれも古典主義の外観は変えず、ガラス屋根を両方にかぶせ、スカイブリッジや新しい地下空間でつなぐ。かつては2つの建物に挟まれた通路は、息をのむ大胆な吹抜け空間に変容した。さらに注目すべきは、同館が東南アジア各国の近現代美術を積極的に収集し、シンガポールがこのエリアにおけるアートの中心となる戦略が示されていることである。一方で、かつてのパリ万博の施設をラカトン＆ヴァッサルがラフに再生したパレ・ド・トーキョー（2002年）や、発掘された古代ローマの遺跡やゴシック様式の教会の廃墟に接ぎ木したピーター・ズントーの聖コロンバ教会ケルン大司教区美術館（2007年）は、ヨーロッパらしいプロジェクトだろう。

　また美術館はコレクションが増え続け、膨張するため、増改築のプロジェクトを避けて通ることができない。例えば、谷口吉生によるニューヨーク近代美術館の増改築、スノヘッタによるサンフランシスコ近代美術館の増築（2016年）、青木淳・西澤徹夫による京都市美術館のリニューアル（2020年）などである。世界的な観光地では、大量の来場者を効率的にさばく動線の整理も求められるだろう。ロンドンの大英博物館は、ノーマン・フォスターのデザインによって、各ウィングにアクセスするグレートコート（2000年）を新設した。石造の重厚な古典主義に対し、爽快なガラス屋根が中庭に付加されたが、対比的な素材によって、互いの存在が引き立つ。グレートコートのうねる屋根は、一つひとつ違

大英博物館のグレート・コート（筆者撮影）

蒸留工場を改造したプラダ財団（筆者撮影）

う多様な三角形のガラスを組み合わせたものだが、その複雑なデザインを可能にしたのは、やはりコンピュータの技術である。

　第3に、民間の美術館である。日本でも、六本木ヒルズの森美術館やベネッセアートサイト直島による瀬戸内の個性的な美術館群が登場しているが、世界的にカルティエ、プラダ、ルイ・ヴィトン、エルメスなどのファッション・ブランドが、企業の文化イメージを上げる戦略の一環として、有名建築家による現代アートの展示施設をつくっていることは注目すべき現象だろう。例えば、OMAによるミラノのプラダ財団、レンゾ・ピアノによる銀座メゾン・エルメス（2001年）、青木のルイ・ヴィトン表参道におけるエスパス・ルイ・ヴィトンである。近代は公共施設としての美術館が急成長した時代だったが、それに代わる動向になるかもしれない。また安藤忠雄のプンタ・デラ・ドガーナは、ヴェネツィア市がピノー財団の外部資金を導入し、歴史建築の修復保存をさせながら、その内部を美術館として長期貸与する仕組みを採用した。

　パリのフォンダシオン・ルイ・ヴィトン（2014年）は、ゲーリーが手がけ、ガラスの羽根に包まれた昆虫とでも言うべきデザインは、一目見たら忘れられない。もっとも、これはハリボテ的な形態であり、遠くからでも視認できるランドマークになっている。逆に内部は外殻と切り離され、中央の垂直動線から直方体の組み合わせで構成された各フロアにアクセスできる、実は機能的なアートの空間だ。ビルバオ・グッゲンハイム美術館も、基本的に同じ考え方のデザイ

ンだが、フォンダシオン・ルイ・ヴィトンの新機軸は、ハリボテと
展示室の箱のあいだに生じる第3の空間も創造したことだろう。こ
こは昇り降りを楽しむ、気持ちがいい屋上庭園になっており、さら
にエッフェル塔などパリの風景を眺望できる場所を提供している。

　第4の傾向は、個性的な形態を追求したポストモダンの時代から
続いていると言えるかもしれない。ただし、グローバルなツーリズ
ムの時代を迎え、建築それ自体が新しいランドマークとなることが
強く求められ、「アイコン建築」と呼ばれている。ビルバオ・グッ
ゲンハイム美術館のほか、ダニエル・リベスキンドの過激なデザイ
ンによるデンバー美術館やドレスデンのドイツ連邦軍事史博物館、
ヌーヴェルによるパリのケ・ブランリー美術館、そしてねじれなが
ら上部が膨らむ塔とメタリックな外観をもつ、ヘルツォーク&ド・
ムーロンによるサンフランシスコのデ・ヤング美術館（2005年）な
どが挙げられるだろう。

　ザハ・ハディドによるローマ郊外の巨大なイタリア国立21世紀

イタリア国立21世紀美術館（筆者撮影）

美術館（MAXXI）は、いくつかの湾曲したチューブが立体的に絡まり、道路側はそれが古建築と衝突し、強烈な外観をもつ。内部では、連続する細長い展示室、ダイナミックな吹き抜け、宙に浮く黒い階段など、彼女が得意とする流動的な空間が展開されている。さらに同館は建築部門をもち、建築の展示や資料収集にも取り組む。ただし、アイコン建築は、コンピュータがより過激な造形を可能にしたという技術的な背景をもつため、ほかのビルディングタイプでも起きている現象である。ただし、現代アートの器である美術館の場合、建築もアート化しやすいのかもしれない。

　第5の日本におけるまちなか美術館の傾向は、SANAAが手がけた金沢21世紀美術館（2004年）の大成功によって決定的になった。それまでの美術館は、必ずしも都心に設置するのではなく、むしろ雑踏から隔離された丘の上の神殿のようなイメージだったが、全面ガラス張りで、円形プランの各方向からの出入り口をもつ金沢21世紀

金沢21世紀美術館（筆者撮影）

美術館は、コンビニのように敷居が低く、驚異的な来場者数を稼いでいる。もちろん、コミッション・ワークによって体感型の楽しめるアート作品を備え、小難しい現代美術のイメージを変えたほか、建物の表裏をつくらず、回遊性のある無料ゾーンの拡充、自由に選択できる展示室の動線、塀がない敷地境界線など、美術館の平面計画粗セオリーを覆すような提案が、未曾有の状況をもたらした。

その後、日本国内では、西沢立衛の十和田市現代美術館（2008年）、水谷俊博＋水谷玲子が百貨店を改造したアーツ前橋アーツ前橋（2013年）、坂茂の大分県立美術館（2015年）、隈によるキラリの富山市ガラス美術館（2015年）、駅前の太田市美術館・図書館（2017年）などが、地方都市の中心部に登場し、それぞれユニークな活動を展開している。小規模な美術館の場合、横断的に地域資料も扱うアートセンターとしての役割も担うケースが認められる。おそらく成長のピークを過ぎた日本において、美術館は、増殖する芸術祭と同様、地方都市の再生や、人の流れをつくる起爆剤として行政から期待されている。もっとも、ミュージアムの本来の使命は、賑やかしや客寄せのイベントではなく、作品や資料の収集と保管が重要であることを忘れてはいけない。

上／十和田市現代美術館（筆者撮影）下／アーツ前橋（筆者撮影）

トピックス❶

大学の博物館

土岐文乃

　学術資料が主たる対象となる大学博物館は、ある特定の学者のコレクションが中心になっていることが多く、特定のテーマに基づくモノがその学問分野のロジックに則って収集されている。とくに大学の歴史が長いヨーロッパでは珍品が集積しており、その展示空間には学者や学問分野、大学の思想が強く表れる。

　世界最初の大学博物館とされるオックスフォード大学のアシュモレアン博物館（1684年）は過去の移設・増築に加え、2009年に大幅にリニューアルされたため展示としては小綺麗な印象である。一方で、ほぼ原型のまま残る自然史博物館（1860年）とピット・リバース博物館（1884年）は隣り合い、前者が巨大なガラス屋根の明るい空間に整然と並ぶ白い骨格標本が印象付けられるのに対し、後者は開口のない暗い空間におびただしい数の考古学・民族学資料が種類別という独自の方法で所狭しと並べられており、コントラストをなしている。

　このほか、蠟細工の人体解剖模型で有名なフィレンツェ大学のラ・スペコラ博物館（1775年）や壁面のキャビネットが標本で埋めつくされたロンドン大学のグランツ動物史博物館（1827年）、膨大な地質標本の重量を支えるために新種の鉄骨を用いたとされるケンブリッジ大学のセジウィック地球科学博物館（1904年）など、分野別の博物館は大学の目立たない一角にあり、密かに並々ならぬ情熱で珍品が集められた「驚異の部屋」の様相を帯びる。

一方、19世紀後半の陳列室や標本室を起源とする日本の大学博物館の歴史は浅いが、1996年のユニバーシティ・ミュージアム構想を契機に、一般に公開されることを主眼とした博物館の整備が進められている。代表的なのは東京大学総合研究博物館で、2013年には日本郵政と協働で旧東京中央郵便局舎にインターメディアテクを開館した。古いキャビネット類を収集し、特別に制作した展示什器で徹底的にデザインされた展示空間は、やはり「驚異の部屋」としての大学博物館の魅力を伝えている。

ピット・リバース博物館（筆者撮影）

地域博物館の可能性

山口智子

　地域博物館は、国家レベルの博物館とは違い、それぞれの地域史の解明、地域文化の向上など、地域に根ざした活動を行い、広く市民に開かれているという特徴がある。しかし、地域密着型と言っても目的や手法は多岐にわたる。ここではイギリスのユニークな地域博物館の事例を挙げ、市民参加、展示の工夫、地域資源の活用といった観点から、その可能性を考えたい。

　市民参加型の先進的な事例となるのが、ロンドンのウェルカム・コレクションだ。医学や科学を、アートを切り口に一般の人にも親しみやすい形で展示することを目的とした博物館であり、世界中を旅した薬学者ヘンリー・ウェルカムが収集した医学に関わる標本、術具、絵画、資料などが展示されている。また身体や健康をテーマにした現代アートの展示、心霊現象などのユニークな企画展、ブックレットの作成、展示もあるリラックスした図書スペース、1階の大きなカフェによって、休憩感覚で立ち寄ることができるため、多くの若者や子供で賑わう。

　大学附属の動物学博物館では、個々に独自性のある工夫が認められる。ハンタリアン動物学博物館は、生きたヘビやトカゲなど無脊椎動物の展示や、オリジナルの虫型什器などで来館者を楽しませる。ケンブリッジ大学附属の動物学博物館は、天井から吊るされたクジラの標本に圧倒されるが、特に鳥類の剥製の種類と数が豊富である。また翼を広げたフクロウの剥製が頭上の什器に収められ、下から鑑賞できる工夫など、コレクションを活かした展示を行う。

　通常、博物館は専用の展示室に作品を配置するが、住宅の室内に

左／ウェルカム・コレクション（筆者撮影）
右上／ハンタリアン動物学博物館（筆者撮影）
右下／ケトルズ・ヤード（筆者撮影）

ケンブリッジ大学附属動物学博物館（筆者撮影）

　施主が配置したアート作品群をそのまま公開しているという点で魅力的なのが、ケトルズ・ヤードだ。これはケンブリッジの中心街から少し離れた場所に位置する、増改築を重ねたアート・ギャラリーのディレクターの家を大学に寄贈したものである。手元に残した様々なアート作品が、卓抜なセンスによって、居間、寝室、浴室などの日常的な空間に配置され、来場者に特別な体験をもたらす。

オックスフォード大学自然史博物館

ゴシック建築的な骨格を鋳鉄に置き換え、屋根全体をガラス張りとし、太陽光が
降りそそぐ明るい空間。内外のゴシック・リバイバル的な意匠は、ジョン・ラスキン
が影響を与えたとされる。そのデザインが展示された恐竜の骨と呼応しているのも
興味深い。当初のものかわからないが、大型の陳列ケースも、ゴシックの様式を
意識したデザインである。

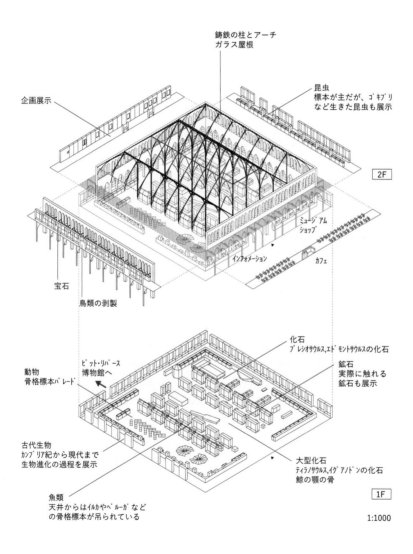

鋳鉄の柱とアーチ
ガラス屋根

昆虫
標本が主だが、ゴキブリ
など生きた昆虫も展示

企画展示

2F

ミュージアム
ショップ

インフォメーション

カフェ

宝石

鳥類の剥製

化石
プレシオサウルス,エドモントサウルスの化石

鉱石
実際に触れる
鉱石も展示

ピット・リバース
博物館へ

動物
骨格標本パレード

古代生物
カンブリア紀から現代まで
生物進化の過程を展示

大型化石
ティラノサウルス,イグアノドンの化石
鯨の顎の骨

魚類
天井からはイルカやベルーガ など
の骨格標本が吊られている

1F

1:1000

ピット・リバース博物館

自然史博物館の奥の扉を抜けると、一転して暗い空間となり、収蔵庫がそのまま展示になったかのような、圧倒的な物量が視界に飛び込む。地域や時代で分類せず、マスクや球技など、テーマごとに世界の民族資料を入れた陳列ケースが膨大に詰め込まれている。おおむね2階は女性と子供（装身具や玩具など）、3階は男性（武器など）に関連した展示。

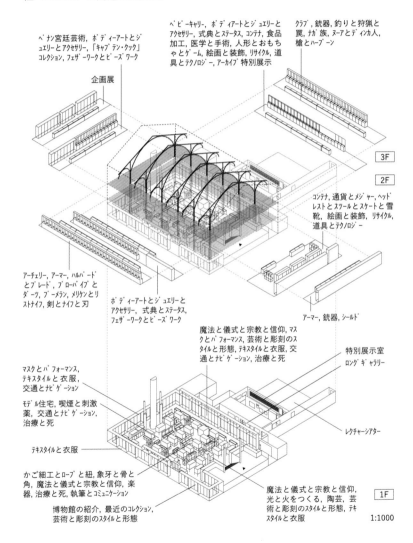

ベナン宮廷芸術, ボディーアートとジュエリーとアクセサリー,「キャプテン・クック」コレクション, フェザーワークとビーズワーク

ベビーキャリー, ボディアートとジュエリーとアクセサリー, 式典とステータス, コンテナ, 食品加工, 医学と手術, 人形とおもちゃとゲーム, 絵画と装飾, リサイクル, 道具とテクノロジー, アーカイブ特別展示

クラブ, 銃器, 釣りと狩猟と罠, ナガ族, ヌーアとディンカ人, 槍とハープーン

企画展

3F

2F

コンテナ, 通貨とメジャー, ヘッドレストとスツールとスケートと雪靴, 絵画と装飾, リサイクル, 道具とテクノロジー

アーチェリー, アーマー, ハルバードとブレード, ブローパイプとダーツ, ブーメラン, メリケンとリストナイフ, 剣とナイフと刃

ボディアートとジュエリーとアクセサリー, 式典とステータス, フェザーワークとビーズワーク

アーマー, 銃器, シールド

魔法と儀式と宗教と信仰, マスクとパフォーマンス, 芸術と彫刻のスタイルと形態, テキスタイルと衣服, 交通とナビゲーション, 治療と死

特別展示室
ロンググギャラリー

マスクとパフォーマンス, テキスタイルと衣服, 交通とナビゲーション

モデル住宅, 喫煙と刺激薬, 交通とナビゲーション, 治療と死

レクチャーシアター

テキスタイルと衣服

かご細工とロープと紐, 象牙と骨と角, 魔法と儀式と宗教と信仰, 楽器, 治療と死, 執筆とコミュニケーション

魔法と儀式と宗教と信仰, 光と火をつくる, 陶芸, 芸術と彫刻のスタイルと形態, テキスタイルと衣服

1F

博物館の紹介, 最近のコレクション, 芸術と彫刻のスタイルと形態

1:1000

UCLグラント動物学博物館

入った瞬間に全体を見渡せるコンパクトなワンルームの吹き抜け空間。床から天井まで設けられたキャビネットと小動物を中心とする骨格標本の展示密度の高さに圧倒される。壁から少しセットバックして置かれた両面のキャビネットで空間をうまく仕切り、閲覧スペースを中心にぐるりと一巡できる順路とオープンなスタッフルームを確保している。

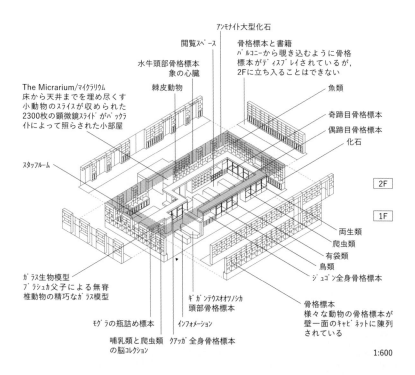

アンモナイト大型化石

閲覧スペース

水牛頭部骨格標本
象の心臓

棘皮動物

骨格標本と書籍
バルコニーから覗き込むように骨格
標本がディスプレイされているが,
2Fに立ち入ることはできない

The Micrarium/マイクラリウム
床から天井までを埋め尽くす
小動物のスライスが収められた
2300枚の顕微鏡スライドがバックライトによって照らされた小部屋

魚類

奇蹄目骨格標本

偶蹄目骨格標本

化石

スタッフルーム

2F

1F

両生類
爬虫類
有袋類
鳥類
ジュゴン全身骨格標本

ガラス生物模型
ブラシュカ父子による無脊椎動物の精巧なガラス模型

ギガンテウスオオツノジカ
頭部骨格標本

骨格標本
様々な動物の骨格標本が
壁一面のキャビネットに陳列
されている

モグラの瓶詰め標本

インフォメーション

哺乳類と爬虫類
の脳コレクション

クアッガ全身骨格標本

1:600

マンチェスター博物館

大学博物館と地域博物館を兼ねた博物館。列柱に合わせて整然とキャビネットが並ぶ古代をテーマとした1階に対し、2階から4階はダイナミックに吹き抜けでつながり、天井から吊られたクジラの骨格標本が来館者を迎える。2階はアートのようなディスプレイのキャビネット、3階は生きた生物の展示、4階は天窓から光が差し込むワークショップスペース、というようにフロアごとの特徴が明快である。

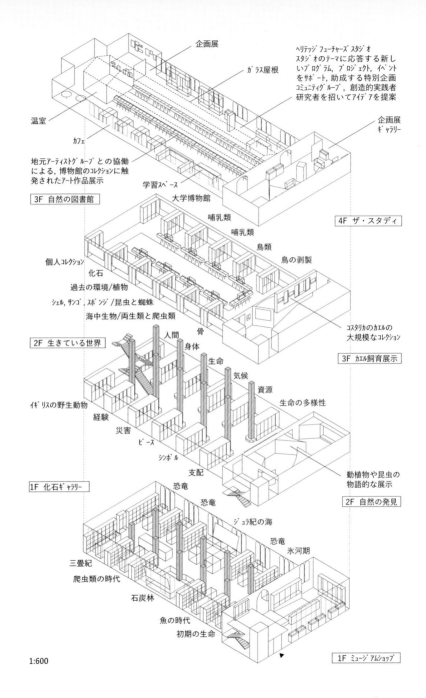

企画展

ガラス屋根

ヘリテッジ フューチャーズ スタジオ
スタジオのテーマに応答する新しいプログラム, プロジェクト, イベントをサポート, 助成する特別企画 コミュニティグループ, 創造的実践者 研究者を招いてアイデアを提案

温室

カフェ

企画展 ギャラリー

地元アーティストグループとの協働による, 博物館のコレクションに触発されたアート作品展示

学習スペース

3F 自然の図書館

大学博物館

4F ザ・スタディ

哺乳類

哺乳類

鳥類

鳥の剥製

個人コレクション

化石

過去の環境/植物

シェル, サンゴ, スポンジ/昆虫と蜘蛛

海中生物/両生類と爬虫類

骨

コスタリカのカエルの 大規模なコレクション

2F 生きている世界

人間

身体

生命

気候

資源

3F カエル飼育展示

イギリスの野生動物

経験

災害

ビーズ

シンボル

支配

生命の多様性

動植物や昆虫の 物語的な展示

1F 化石ギャラリー

恐竜

恐竜

2F 自然の発見

ジュラ紀の海

恐竜

氷河期

三畳紀

爬虫類の時代

石炭林

魚の時代

初期の生命

1F ミュージアムショップ

1:600

ケンブリッジ大学動物学博物館

巨大ナガスクジラの骨格標本の吊り展示が印象的なエントランスホール。2018年にリニューアルオープンした。入ってすぐ吹き抜けを見下ろすと、白を基調とした空間に美しくライトアップされた階下の大型骨格標本群を一望できる。ガラスが多用された展示は透明性が高い印象を与え、大小様々に織り混ざって展示された標本を様々な角度から楽しめる。

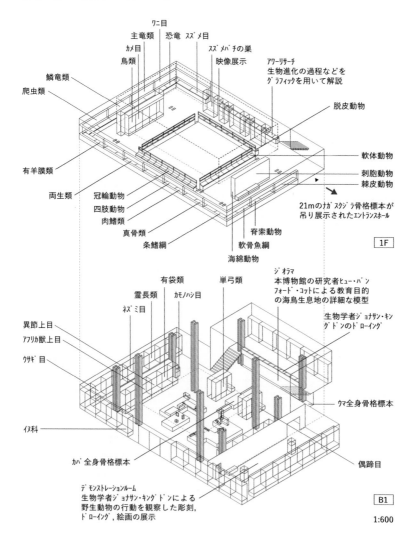

ケトルズ・ヤード

増改築を重ねたアートコレクターの家を大学に寄贈したもの。右側の小さい入口は古い住居に続き、座って鑑賞することを踏まえ、低い位置に作品が展示される。2階から左側の増築部分に接続し、モダンな空間に好みの作品群を巧みに配置した施主のセンスに感心させられる。そして左側手前の現代建築は、企画展示のためのホワイトキューブをもつ。

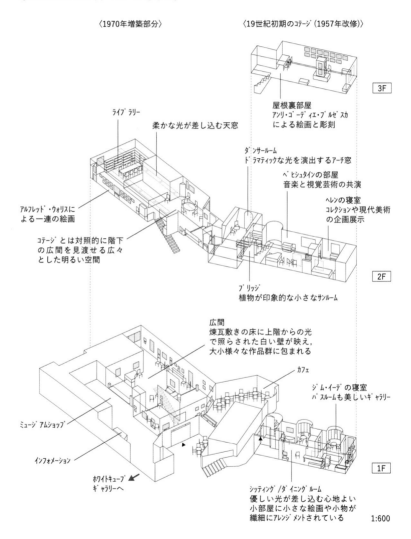

〈1970年増築部分〉　　〈19世紀初期のコテージ（1957年改修）〉

3F

ライブラリー

柔かな光が差し込む天窓

屋根裏部屋
アンリ・ゴーディエ・ブルゼスカ
による絵画と彫刻

ダンサールーム
ドラマティックな光を演出するアーチ窓

ベジュタインの部屋
音楽と視覚芸術の共演

ヘレンの寝室
コレクションや現代美術
の企画展示

アルフレッド・ウォリスに
よる一連の絵画

コテージとは対照的に階下
の広間を見渡せる広々
とした明るい空間

2F

ブリッジ
植物が印象的な小さなサンルーム

広間
煉瓦敷きの床に上階からの光
で照らされた白い壁が映え,
大小様々な作品群に包まれる

カフェ

ジム・イーデの寝室
バスルームも美しいギャラリー

ミュージアムショップ

インフォメーション

ホワイトキューブ
ギャラリーへ

1F

シッティング / ダイニングルーム
優しい光が差し込む心地よい
小部屋に小さな絵画や小物が
繊細にアレンジメントされている

1:600

展示デザイン

渡邉航介

　吹き抜けをもつ大空間というのは、すべてのビルディングタイプにおいて重要な役割を果たす。それはミュージアムにおいても例外ではない。ここでは、日本と海外のミュージアムにおいて、大空間がそれぞれどのような使われ方をされているのかを考えてみたい。

　日本のミュージアムでは、エントランスから各展示室を平面的に接続する空間が、奥行きをもち吹き抜けがある大空間になっている場合が多い。東京国立博物館や国立科学博物館などがその例である。このタイプの空間は、純粋に入り口やインフォメーション、上下動線としての役割を果たしているため、展示は何もされていないことが殆どである。また、上下方向に空間が展開し、奥行きはあまりないのが特徴だ。

　これに対して海外のミュージアムでは、エントランスから各展示室を平面的に接続する空間が、奥行きをもち吹き抜けがある大空間になっている場合が多い。イギリスの国立自然史博物館やスコットランド国立博物館などがそれにあたる。このタイプは2階や3階が回廊になっていることもあり、その大空間が各展示室をつなぐハブとして利用されている。そしてその中空には、鯨の全身骨格などの大型の展示物が吊り下げられていて、来場者にインパクトを与える。

　日本のミュージアムでも、天井高が高い展示室では標本が吊り下げられている場合は多い。しかし、その展示方式には明確な違いが

ロンドン自然史博物館(筆者撮影)

見られる。先ほども述べた通り、海外では大空間には回廊があり、近くの名称プレートもはっきりと見ることができる。一方日本では、回廊がないため上空にある展示物の細部を見ることは難しく、またその名称プレートもない場合も多い。インターネットのデータベースにアクセスしてようやく標本の名前がわかる、といったことも少なくないのだ。展示物が空間を埋めるための単なるインテリアとして飾られているこの状態は、天井高が高い図書館の本棚上段部分にダミーの本が並べられている状態とよく似ている。

脱美術館の展示

菊地尊也

　美術館という箱から外に出て、街中での作品展示や企画展の開催が行われる事例を紹介する。その最たるケースが芸術祭だ。特定の都市や地域で数年おきに開催されるイベントであり、開催時には屋外空間や既存の建物が積極的に活用される。長い歴史をもつヴェネツィア・ビエンナーレを初め、90年代以降にはアジア圏でも事例が増えている。国内では、2000年代に国際芸術祭の動きが本格化した。00年には大地の芸術祭／越後妻有アートトリエンナーレが、01年には横浜トリエンナーレがそれぞれ始動し、現在も継続している。これらの活動と、美術館での展覧会との大きな違いは、通常は美術館に足を運ばない一般人も、観光の一環としてアートに親しめる機会となっている点だ。

　地域貢献も役割のひとつだ。2010年から始まったあいちトリエンナーレでは、戦後に繊維問屋街として賑わったものの、その後衰退していた長者町にスポットをあて、地域活性につながった。2013年には岡崎の地元百貨店で展示を行った。いずれも、都市に潜在する作品展示に適した場所を明らかにする試みと言える。また札幌国際芸術祭2017の「札幌と北海道の三至宝」プロジェクトでは、地元の造形作家が収集した木彫りの熊を札幌市資料館で展示するなど、地域資料の発見・発信に貢献した。

　瀬戸内国際芸術祭に合わせ竣工した西澤立衛による豊島美術館（2010年）は、ふくらんだ屋根に2つの円い開口部が設けられた形態を特徴とする美術館だ。内部には内藤礼の作品が設置され、現代アートと建築との密接かつ贅沢な関係が築かれている。ほかにも、

上／犬島精錬所美術館　下左／越後妻有の作品　下右／あいちトリエンナーレ、岡崎の作品

　このエリアでは安藤忠雄による李禹煥美術館や南寺（ジェームス・タレルの作品を体験）、三分一博志の犬島精錬所美術館などが登場した。越後妻有アートトリエンナーレの関係でも、MVRDVのまつだい雪国農耕文化村センター「農舞台」や廃校をリノベーションした「最後の教室」など、個性的な美術の空間がつくられている。

　脱美術館での作品形態やつくり手の種類は多様化している。その作品の質をめぐっては、地域固有の特性を歴史や社会など複数の視座から評価、吟味することが重要となるだろう。

p196 〜 209
図版編集、解説執筆／土岐文乃
図版制作／金池
現地調査／金池、渡邉航介、山口智子
図版協力／谷越楓
解説執筆／五十嵐太郎
トピックスと図版はJSPS科研費 JP19H04410の助成を受けたものです。

7

公園・広場
PARK & SQUARE

小野良平

1. 前史：広場とアジール

　「文化の居場所」をややかみ砕き、単純ながら「人の（多寡は問わ
ず）集まる場所」と試論的に考えるならば、現代的には「オープンス
ペース」と呼ばれる、建築されていない屋外の場の役割は極めて大
きい、というか大きかった。例えば政治の場でもあった広場の役割
が、その機能を純化させた議事堂に置き換えられていったように、
あるいはその言葉通り、もともとは屋外で行われた「芝居」の場が、
劇場というビルディングに格納されていったように、様々な人の集
まる場所は、歴史の過程で建築的に装置化される方向を辿ってき
た。その中で現在も非建築的空間であるものが、公園や広場である
と一応言うことができる。

　しかし一方で、公園や広場もまた近代以降その機能を特化させな
がら装置化されてきたという意味では、これらもまたビルディング
タイプのひとつとみることができる。しかし先の通り、公園や広場
を含む非建築的存在であるオープンスペースは、「ビルディングで
はない」もの、つまりビルディングをBとすれば$\overline{B}$という補集合にあ
たり、それはかつては現代の公園や広場には収まらない人々の多様
な居場所であった。このような考え方に立ち、本章ではビルディン
グタイプとしての公園・広場を扱いつつも、これらをビルディング
タイプとみる見方では捉えにくい、オープンスペースとしての位置
付けも合わせながら、その成り立ちを簡単に振り返りたい。現在公
園などのあり方の転換が問われているとしても、人の集まる場であ
ることに変わりはないのだとすれば、公園誕生以前の前史にまで遡
ることはひとつの手がかりになると思われる。なお、公園は世界的
にも近代以降生まれた存在であるが、維新期を中心として日本の公
園制度やその実際の空間に対する海外、特に欧米の影響は比較的小
さいため、本章は主に日本の公園や広場を扱う。

　「人の集まる場所」を歴史的に捉えることは学際的な視点で様々に

試みられているが、ここでは2つの切り口から、まず「広場」論として、その成因と役割に着目した議論、および「アジール」論として、社会に発生した「公」的な場の性格に着目した議論を中心に整理したい。

　広場に関しては、西欧都市の広場との対比から、日本で広場は発達しなかったという見方がある。しかし実態は建築に囲まれた西欧型の広場とは異なるものの、日本にも広場は存在してきた。また日本では道、往来が広場的役割を果たしてきたとも指摘されるが、これは状況に応じて往来が広場化するその動態性を示したものと言える。民俗学の市川秀之は建築学を含む様々な立場を含めて、「集落的広場」「支配的広場」「都会的広場」[1]という類型化を試みており興味深い。

　縄文期の環状集落の中央に広場があったことが知られるが、人が集まって住むことが前提となり、そこにその人々のために設けられた恒常的な場が「集落的広場」である。このタイプの広場は村落レベルではいったん古墳時代以降確認できなくなるが、近畿地方などでは中世から近世にかけて村の中心に広場が現れる例が少なくない。集落的広場は都市においても、コミュニティの集会所などに見られ、さらに祭祀の場である神社や寺院の境内がこの性格に相当する広場と言える。社寺は村落ではコミュニティの中心的存在であるが、都市では神社の氏子のような小単位の集落的広場ということになる。そして社寺境内は近代以降公園にも組み込まれ、戦後は再び公園と切り離されるが、今なお重要な都市の広場である。

　「集落的広場」に次いでその性格を表したのが、都市や国家の組織化に応じて、支配者が被支配者に対し命を下し権威を示す場としての、「支配的広場」という類型である。飛鳥京の周りには悪霊から京を守る「チマタ」が置かれ、儀礼、外交、刑罰などが行われたという。さらにチマタでは「市」が開かれ、平城京や平安京では東西の市が宮の南方に左右対称に置かれ、王権の支配のもと、経済を始めとする交換の場であるとともに政治的な空間として機能した。先の社寺についても、それが強い勢力をもち政治に組み込まれていた時代においては支配的性格を強めた境内地も現れたであろう。つまりこ

こで言う類型は広場の分類ではなく、同じ場において成り立ち得る特質を区別したものと言える。近世では城の門前の空間や橋詰などの「高札場」、都市防火のために設けられた「火除地」あるいは広小路なども都市の制御が目的であり、支配的性格を帯びたものである。

　このような不特定多数の人々が集まる場は、情報伝達、交換や信仰だけの場を超えて賑わいの場となり、「都会的広場」の様相も示すようになっていった。市も当初は時間を限って開かれるものであったが、人の集まる賑わいの空間の性格が場所自体に備わっていき、社寺も祭礼等を通して、境内のみならずその門前、そして祭礼の御旅所の土地などが祝祭的性格をもつようになる。江戸の高札場、火除地、広小路なども当初の目的を超えて交通の要所であることも多く娯楽的性格が備わっていった。こうした場がいわゆる盛り場につながっていき、現在の賑わいの場にその場所性を残している場合もある。

　また近世期のレジャー空間として、徳川吉宗による江戸郊外での花見の園地整備（墨堤、御殿山、飛鳥山など）はよく知られている。花見は遅くとも室町期には現代の花見と同様の、樹下で宴席を設けるスタイルが定着していたようであるが、吉宗の花見の園地整備は庶民に対する明確な行楽地の提供であり、後の公園にもつながる存在である。ただし、この整備は将軍の示威行為である鷹狩を利用した、江戸近郊地帯の統制強化の一環であり、近郊農村での山野の入会利用を制限・解体するオープンスペースの合理化とも関わっていた。また吉宗は火除地の拡充に努めながらそこが日常的に人の集まる場となることを禁じたが、これは火除地の実態が広場化していたことの裏返しでもあった［図1］。このように花見の園地も火除地も「都会的」ながら「支配的」であり、市川の広場の類型は、「人の集まる場所」に重層する性格であると言うことができる。

　次にアジール論からオープンスペースを概観したい。アジールとは避難所という意味であるが、これは歴史学の網野善彦により、特

に中世日本の「無縁」や「公界」[2]という性格を備えた場が照らし出された。社会が発達して組織化が進み、様々な縁がそれらを構成していく中で、そうした有縁の世界には必ずその外側があり、それが無縁である。たとえば異国人・旅人や死者などは端的な無縁の存在であるが、無縁は必ずしも有縁の世界から疎外を意味するのではなく、むしろ「自由」という性格をもつことがここでは注目される。これと土地の性格との関わりが少なからずある点においてオープンスペース論としても注目される。

　先に触れた市は、異国人との交渉・交換の場である。そこに移動・流動する人には遍歴・漂泊しながら生活する農業以外の職能民や聖職者などがあり、無縁の人々は決して珍しい存在ではなかった。川辺や海辺はそうした市の成立する場の典型であり、例えば鎌倉期の市を生き生きと描き知られる『一遍上人絵伝』の福岡の市も河川のほとりである［図2］。そして都であった京の鴨川の河原も代

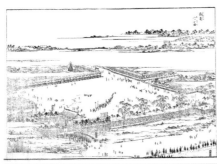

図1　筋違八ツ小路
（『江戸名所図会』より）

図2　『一遍上人絵伝』（写本）より福岡の市
（国立国会図書館）

7　公園・広場

表的な無縁の場で、近世初期の絵図には遍歴の芸能民により始められ歌舞伎の源流になったともされる阿国歌舞伎が多く描かれている。ただしその板囲いの小屋には官許であることを示す芝居櫓が掲げられ、この時代には無縁の場も公権力の一定の配下にあったことも知ることができる。

　また河原の職能民の中には例えば死者・刑人の遺骸処理など忌み嫌われる仕事を受けもつ者もあり、当初は穢れを清める存在として王権（天皇）の庇護をも受けるが、中世後期以降は非人などとして最下層の身分ないしそれ以下に賤民視されていく。そして病死との関わりや清めということでは社寺や墓所こそが無縁の場の代表である。さらにこれだけでなく、山林などの都市周縁や、橋、坂などの境界部もアジールとして隷属民が逃げ籠もり、病者の住む地であった。市、社寺、墓所などの立地自体が都市周縁であることも多い。そして子供もまた無縁の存在といえ、その遊び場はこれらの土地とも関係が深い。

　このように見てみるとこれら都市周縁部、境界部、街路などは現代の公的オープンスペースの対象そのものである。「公界」は戦国時代に使われた無縁と同義の言葉というが、そこでの「公」は人々の身分とも関わる様々な無縁の原理と結びついて具体的土地に発生していた場の性格といえる。そうした状況的な広場やアジールはそのときどきの原理に支えられていたとはいえ、現代から見るならばオープンスペースの管理区分は比較的あいまいであったが、それを身分制度の解体や土地制度の大きな変革とともに、合理的に、明確にするように動いてきたのが近代以降の基本的な方向である。そして現代の公は無縁性を行政という機構が一律に管理する仕組みとなっているため、かつての性格との連続性は見えにくくなっている。しかし公園の無宿者の例が示すように、現代においてもオープンスペースの無縁性が消えたわけではない。

2. オープンスペースの近代化：公園の誕生

　多様な「オープンスペース」の中から、明治以降になると「公園」が明確に社会に誕生してくる。世界的に見ても公園の始まりは19世紀前半であり、日本の公園も概ね同時代的なものと言えるが、ただし既に触れたように、日本の公園は西欧のそれを文明開化の一要素として導入したといったものではない。機械のように単純に輸入可能なものでもなく、履歴を重ねた動かしようのない土地と人の生活に関わる存在と言える公園は輸入のしようがなかったのかもしれない。事実、維新のエリート達が大挙して米欧の視察に出かけた岩倉使節団が帰国するより前に、日本の公園制度は始まったが、端的にいえば日本の公園は土地管理の制度として誕生した。

　それは1873年のことで、太政官布達[3]と呼ばれる今でいう政府から地方への通達がその根拠となったため、太政官制公園などと呼ばれることもある。それは社寺境内や名所などのまさに「人の集まる場所」を対象に明治政府がそこに「公園」という新しい性格の土地として経営するように府県に促すかたちで始まった。例えば今も続く公園としては、東京では寛永寺・増上寺のそれぞれ境内であった上野公園（都立上野恩賜公園）［図3］・芝公園（都立芝公園）などがあり、

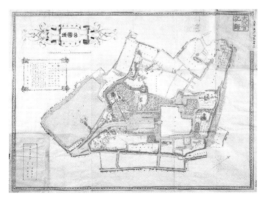

図3　上野公園地実測図1878
（国立公文書館）

また今はないが浅草寺の門前は浅草公園として賑わった。

　この布達のねらいは、地租改正に伴う土地処分の一環として、江戸期には特権的に免税であった社寺領などで、人々の遊観の場であった土地を、新規に公園という地目にするところにあったと考えられている。地租改正は土地の所有権を明確にして課税を行う、国の財政を整える重要な政策であった。その際社寺に対しては、それまでの特権を削ぐことが主眼ではあったものの、社寺の私有にすると個々の自由な開発により人が集まる遊観の場の存続が保証されないため、これを官有として維持させようとしたものと思われる。地租改正により土地の流動性が高まっていく時代の中で、現代であれば、無縁の場であるあいまいなオープンスペースは利益を生み出す有縁の土地として高度利用されていくことが必然に近いことを考えれば、その確保を制度化したという側面は注目される。

　しかし官有にしただけでは当然土地からの税収も得られないだけでなく、その維持の費用も官が負担しなくてはならない。例えば東京府は、布達を受けて浅草寺一帯を公園としたが、しかしその経営方法に苦慮し、飲食店などからの収入を活用する案などを政府に諮った。すると政府はそのような経営の仕組みを採用し、公園を無税地ながら借地料や地方税を取ることのできるようにする制度を設け公園経営の手立てを用意した。浅草公園は現在の浅草寺とその門前町がそのまま公園となったものに近く、現在の「公園」のイメージからはわかりにくいが、盛り場を公園に含んでいた。この仕組みを得て、日本の公園制度は、人が集まり賑わう社寺境内などを、いわば「稼げる土地」としての性格を維持しながら遊観地としての環境をも継承させる制度として始まった。ただしすべての公園にそれが期待されたわけではなく、例えば東京では浅草公園［**図4**］からの収入で明治大正期の東京の公園経営全体を賄っていたという。

　太政官制公園の都市との関係をみれば、1887年までに全国で80か所ほど生まれた公園は社寺と城址の土地が主なものであったが、それらは単に社寺地や城郭というよりも、そもそもそこに都市が成

立・発展してきた歴史の中での拠り所であったものが少なくない。例えば新潟市の白山公園は、白山神社の地に整備された先駆的公園であるが、ここは神社を要として現在の中心繁華街が発展してきた新潟のアイデンティティに関わる土地である。あるいは都市のアイデンティティに関わる公園の典型とい言えるのは奈良公園であり、興福寺や春日大社に由来し若草山にまで及ぶ広大な公園なしに奈良の町を描くことはできない。このようなそれぞれの都市の成り立ちを支える自然とも関わりながら都市の歴史と一体にある太政官制公園は、ビルディングタイプといったもので理解できるものでもなく、またその必要もないが、その経営の形態も含め現代の公園のあり方を見直すさ様々な視点を与えてくれる。

　このようにして始まった日本の公園であるが、明治中期からは新しい動きが始まる。ただし全国の動きではなく東京から始められたことであるが、当時「市区改正」と呼ばれ、後の言葉では「都市計画」に相当する、いわゆる道路などのインフラストラクチュアの一つとして計画され、また実際に整備される公園が現れてくる。公園が都市の諸機能のひとつを担う施設として位置付けられ、またここで「計画」の対象となったことで、ビルディングタイプとみなすこ

ともできる公園はここで一応始まると見ることもできる。それは太政官制の公園のような境内地等とは異なる、明確な敷地内に固有の空いた土地が確保された、現在一般的にイメージされやすい公園で、1903年に開園した日比谷公園などがその代表例である。明治初期の公園が、既に人の集まる場所であったところを公園に位置付けたのに対して、この時代からは行政が「計画」を行い土地を取得し、そこに新たに公園を建設・整備することが始められた。

　ここで、まだそこにはない公園を新たにつくるのであるから、公園はなぜ必要なのか、その役割・機能は何なのかという、そもそも論が自ずと生じる。先の太政官布達にも「遊観」など公園の役割は示されていたが、ともかく既に人の居場所であったところであるのでその役割について改めて考える必要はなかった。しかし市区改正の議論の中では、この「遊び」自体がまず公園の必要性との関係で俎上に載せられた。それは日本人の不健康な遊びを矯正する合理的な遊びの場として公園が必要であるといったものであった。これを唱えた内務省衛生局長は市区改正での公園計画の担当となり、さらに「衛生」の観点から具体的公園配置計画などを提案する[図5]。

図5　修正東京市区改正図1885
（国立公文書館）

この衛生的観点は、公園を「都市の肺」と比喩的に捉える考え方として比較的よく知られる。ただしそこにきれいな空気が吸える緑の空間といった意味を想像するのは少々正確でない。明治期は世界的にコレラ・ペストなどの伝染病がたびたび大流行（パンデミック）し大きな社会問題となっていたが、この病因として、ギリシア医学の時代から考えられていた、土地から湧いてくる悪い空気（瘴気・ミアスマ）によるという説があった。この瘴気はオープンで乾いた土地を設けることで逃がせると考えられていたようだ。この瘴気論はすぐ後にはドイツでコッホによるコレラ菌病原菌の発見によって否定されることになるが、汚れた水を排する下水道の必要性の根拠にもなるなど、日本だけに限らず、科学的には間違いである理論が都市のインフラ整備を進めたという歴史は興味深い。

　いずれにしろ、この衛生論的な公園の必要論や計画は、西欧の動向の影響下で公園が議論された初期のものである。先の日本人の遊び観についても、西欧に接し目の当たりにした貧弱な日本人の体格を、富国強兵という生産性の向上に適うものにしなければ、という危機意識とつながっていた。そして伝染病対策は19世紀の西欧都市でも最重要の問題であった。しかしその一方で、公園の空間自体を西欧風にするといったことはさほどは行われなかった［図6］。日比谷公園の設計が洋風公園への期待から難航し、最終的にドイツの

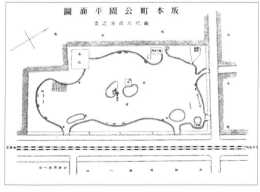

図6　坂本町公園平面図明治後期
(東京都公園協会)

公園図集の平面案のいわばコラージュで成案となったことは比較的
知られている［図7］。しかしそれは図面の話に過ぎず、実際の日比
谷公園［図8］は一部に欧風花壇や奏楽堂などが整備されたが、全体
としては江戸城の遺構も活用した空間であり、日比谷公園が後の日
本の公園のプロトタイプとなったとは必ずしも言い難い。なおこう
した市区改正における衛生論が主導した公園の議論では、太政官制
公園の時代には基本的考え方であった「稼げる土地」といった公園
の位置付けは、盛り場的な遊びに不健康のレッテルが貼られること
で後退することになった。

　海外、特に欧米の文明文化に触れたことと日本のオープンスペー

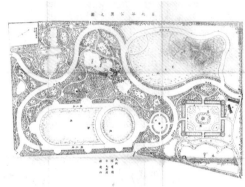

図7　日比谷公園平面図1903
（東京都公園協会）

図8　日比谷公園
（『日本之勝観』1903より）

222

スとの関係としては、公園のほかに広大な儀礼の場としての広場が一部に生まれている。戦前期には宮城前広場［図9］などと呼ばれた現在の皇居外苑がその例である。大日本帝国憲法の制定を始めとして、近代国家の体裁を整えることに努めていた日本において、帝都東京としての、西欧諸都市のような華麗・広大な広場の必要性が構想されたようである。1889年の憲法発布に合わせた天皇の記念パレードに向けて宮城前広場は整備され、その後も同所は皇居への奉祝の場として時に軍事パレードなどにも利用された。明治の要人たちが見た西欧諸都市の広大な広場は、概ね前時代の絶対王政がもち込んだ儀礼空間であったが、それは人の集まるというよりも、人々を動員して集める場所であったと言える。公園の衛生論は同時代なものを、儀礼の場としての広場は前時代的なものをそれぞれ西欧都市から学んだことになるが、両者は別な主体によりお互いに関わることなく進められていた。現在そこは観光者の居場所ではあるもののやや特異なオープンスペースとして維持されているが、実際の空間としての皇居外苑は、芝と松の広場であり西欧の広場とはかなり様相が異なる。

　もう一点西欧との関係では、明治後期のこととなるが「日本庭園」

図9　城前広場1940
（東京都公園協会）

の「発見」が挙げられる。日本における庭園は平安期の寝殿造に伴う庭や、その後の寺院の浄土宗や禅宗の庭、武家の書院の庭や茶庭、そして江戸期の大名庭園など多様であるが、全体が「日本庭園」として認識されていたわけではない。明治政府は当時西欧で始まっていた万国博覧会に参画することとなるが、その際に庭園が出品物のひとつとなり、このときに自らのアイデンティティとしての「日本庭園」という認識と呼称をもつようになったと考えられる。庭園はオープンスペースのひとつと言えるが、近世までは先の広場や無縁の場とは異なり、限られた世界の、信仰の場や権力者間の社交の場であった。公園の辞書的定義として「おおやけの庭園」といった説明がされることが少なくないが、実空間としては近世までの庭園が公園化されたわけではなかった。ただし、日本庭園の発見とも重なりつつその文化的価値が認識され、これを守る機運が生じてきた大正以降、文化財的庭園の一部を公園制度に組み込むことで庭園と公園とのつながりは一定程度始まることとなった。小石川後楽園［**図10**］などがその一例ではあるが、ただし特に江戸の武家地に多数存在した庭園は維新後明治期を通して多くが破棄され消失していき、例外的に残されたものが現在公園となっている。

図10 小石川後楽園1941
（東京都公園協会）

3. オープンスペースの展開:緑地概念の誕生

　明治後期からは、東京など大都市の急激な過密・拡大や工業化が顕著になるが、それまでの市区改正はインフラ計画に留まるものであったためこうした問題に対応できなかった。そこで市街の領域的範囲や土地の用途を定めて建築規制を行うなど、都市の総体的な制御を大きな狙いとした、(旧)都市計画法が1919年に制定された。公園については都市計画の「施設」として全国に適用できる法的位置付けが得られた。なお「広場」についても同様に都市計画の施設に位置付けられたが、その後制度上の広場は駅前広場など道路・交通系の広場が一部取り入れられることに留まる。現在公共、民間を問わず建築と合わせた広場的空間(例えば公開空地など)は数多くその歴史も興味深いが、この点は他稿に譲りたい。

　都市計画制度の誕生後も、公園については実績としては東京においても日比谷公園以降の新設は限られたものであった。その矢先、1923年に発生し東京・横浜に甚大な被害を与えた関東大震災は、結果として都市計画法後も変化の乏しかった都市の大幅な改造の契機となった。復旧を超えた復興が目指され、その事業は土地区画整理によって焼失地域全体の街区を再整備し、この手法で広幅員道路や公園の用地を得ながら進められた。延焼防止や避難地・仮設住宅用地などの公園の役割が図らずも実証され、それ以前には議論も少なかった防災上の機能が大きく着目された。

　財政難で余儀なく計画が縮小はされたものの、国の事業による東京・横浜の各3大公園と、東京市による52小公園が1931年までに整備された。大公園は公園の乏しかった下町の人口密集地帯に、工場労働者の多い住民環境などを考慮しながら運動施設なども備えた近代公園として提供された[図11]。小公園は小学校とユニットで配置され、防災拠点を含む地域のコミュニティ中心に位置付けられた。空間としては広場的な空閑地をコアに、児童用の遊戯スペースを併設し、パーゴラや壁泉などの修景施設も導入するなど、西欧の

図11 錦糸公園
(『帝都復興記念帖』1930より)

図12 元町公園
(『帝都復興史』1930より)

公園のデザインの影響も受けた一定の共通したスタイルを持つ公園が短期間に多数出現した［**図12および4章図25、27**］。東京の下町のみの話ではあるが、この時代に漸く公園が日常の中に位置付けられた存在となり、さらに行政による公園の利用法についての市民への啓発活動なども行われ、施設整備に留まらない公園管理の芽生えが見られた。

　こうした事業の進展の一方で、公園に関わる計画理論も大きな展開を示していた。19世紀後半の欧米での田園都市論や地方計画論などの大都市問題への議論の影響も受けながら、都市計画法に規定されたような施設的オープンスペースの概念を超えて、樹林や農地などを総合的に捉える考え方が生まれ、「緑地（Open space）」という概念が提案された。内務省の北村徳太郎がこの用語を考案し、永続性のある非建蔽地を緑地として包括的に捉えた。このアイデアの大きな狙いは、単に施設としての公園を拡充させていくということを超えて、非建蔽地をまとめて捉えその配置や機能を調整していくことで、都市全体の制御に有効な都市計画の手法論を確立することにあった。この過程で、冒頭に触れたB̄に近い位置付けのオープンスペースが定義されたことになる。緑地といいながら、必ずしも「緑」を想定していないのも特徴である。これを支えたひとつの考え方

が、「地域制」と呼ばれる、土地の所有権に関わらず一定領域の土地に各種規制をかけることを可能する都市計画の基本的仕組みであり、これが多様な緑地の概念化を可能にし、一方行政による土地の保有が前提となる公園はその一要素に相対化されることとなった。

　これを実践すべく、1932年に北村らの働きで協議会が組織され検討が重ねられ、関東大震災などを機に郊外の開発も進む中、市民の保健や休養のための緑地の広域計画が目指された。具体的には、アメリカのパークシステム論などの影響も受けながら、東京の新市域外周やさらに外側の隣接県内に「景園地」を設け、それらを河川などの水系に沿った「行楽道路」でつなぐ市民の郊外レクリエーション地が計画された。さらに1924年のアムステルダム国際都市計画会議で注目された、都市の過大化防止の機能が見込まれるグリーンベルト論の影響も受けて、新市域外周に計画されていた景園地はこの目的を主とする「環状緑地帯」として位置付けを拡充することとなった。これらに加えて従来の公園を含めたそのほか各種の緑地を盛り込んだ「東京緑地計画」[4]が1939年に発表された［**図13**］。同計画は法定計画ではなかったが、緑地によって保健休養から都市膨張の制御までを意図した多面的な地方計画と位置付けられる。この実現のために翌年には都市計画法に施設としての緑地が追加さ

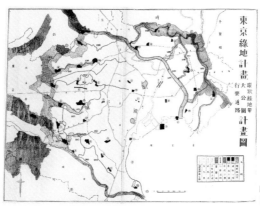

図13　東京緑地計画計画図1939
（『公園緑地』3（2,3））

れ、また戦時下にあって大緑地を防空緑地と位置付けることで財源を得ながら一部では用地買収なども進められた。防空緑地は地方都市においても決定、買収が進められた。

　敗戦後の政府の戦災地復興では、特別都市計画法のもとで戦災都市において「緑地地域」という制度が新たに生まれた。これは引き続き緑地という広範なオープンスペースで都市の制御を行おうとするもので、東京などで防空緑地を継承する形で地域制の緑地地域が指定された［**図14**］。しかし建蔽率の厳しい制限もあって違反建築が横行し、経済復興優先の政策や世論に押されて大幅に解除されていった。さらに戦前に買収した緑地の多くが、戦時中実態として畑地となっていたため、農地解放策のもとで農地とみなされ払い下げられ開発対象となった。緑地地域制度はしばらく継続されたが、1968年制定の新都市計画法の施行に合わせて廃止され、その後関連した制度もいくつか整備されたが実効性に乏しいものとなった。戦前から企図された壮大な規模の緑地による都市・地方計画の構想は、一部断片的な緑地を残すのみで大きく後退した。

図14　東京復興計画緑地及公園図1946
（『公園緑地』9（1））

緑地のひとつである公園については、まず戦後の政教分離政策により社寺境内の公園は廃止されることとなり、先の浅草公園もこれに伴い公園ではなくなった。これにより、明治以来の公園で一部残っていた「稼げる土地」としての公園は、それを意図したわけではなかったものの消えることとなった。公園全体としては大正期以来の都市計画制度において位置付けられた都市施設としての性格が続いていたが、公園を管理するための法制度が、1956年になって初めて都市公園法として整備された。その背景には、戦後の混乱も関わる中で、公園が空いた土地としてほかの用途に狙われ消えていったことがあった。それは民間の開発よりもむしろ主に公共事業によるもので官公庁や学校等々の施設用地に公園が使われていった。そうした中で生まれた都市公園法は、公園が公園であるための「守り」の法として生まれたと言える。その内容には、公園にふさわしくない（と想定される）施設の出現を阻止するため、公園に設けられる施設として「修景施設（植栽など）」「休養施設（ベンチなど）」「遊戯施設（ブランコなど）」「運動施設」「便益施設（トイレなど）」等々の種類を規定し、それに関わる建築については英国の5%を参考にさらに厳しい2%に建蔽率を定めることなどがなされた。また同法施行令では、児童公園、近隣公園などの公園の種類とその誘致圏が定められるなど、公園の計画体系も示された。同法には公園の定義がないという指摘もよくなされるが、定義よりも仕様を直接示すことで公園とは何かを示したと言える。

　太政官制の公園では飲食などが生む公園の経済性が考慮されていたが、都市公園法のもとでは、飲食自体を制限したわけではないものの、施設整備を限定的にしたために公園のこうした利用を抑制することとなった。飲食に限らず、法律にしてはやや細かすぎるとも言えるスペックが後には公園の空間の自由度を妨げるなどの批判も生むことになるが、建築に置き換えられないように建築と肩を並べる装置性を規定する制度をつくり出したこの時代に、公園はもっともビルディングタイプのひとつに近い存在になったとも言える。都

市公園法は都市計画区域内の施設に対象を限定したが、これに対してすでに官職を離れていた北村は批判的であったと言う。戦前から緑地概念を提案し様々に制度設計・計画を進めてきた北村にしてみれば、BでないB̄という緑地の概念を構想したにもかかわらず、構想全体が後退する中で残された砦ともいえる公園が結局Bに似たものに回収されていくことへの無念さもあったのかもしれない。

　しかし同時期の1960-70年代に現れ始めた造園の職能者の間では、これとは異なる議論もなされていた。造園の対象について、「重く地にはいつくばるマッシヴなもので建築のもつスペーシィなイメージと好対照」[5]などの言説を通して、土地・自然と造園空間の関係が論じられた。これらはそれまでの大地と分離した建築的な機能空間論と異なる考えであり、都市公園法が遊具を置くだけに近い公園を生んだことも確かである一方でこうした考えを追求した公園も現れた［**図15**］。またその体系的理論化の一定の成果が田畑貞寿らによる「グリーンマトリックス」[6]の概念である。この理論は諸々の緑地を都市の骨格に位置付けるものとされるが、固い骨格よりも柔らかいMatrix＝母質、基質と考えた方がわかりやすい。都市公園法の公園は「ヴォイド（void）」を「ポジ」として認識するものであったと言えるが、グリーンマトリックスは「ヴォイド」を「ネガ」と位置

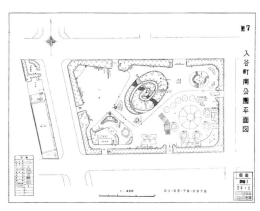

図15　入谷南町公園1965
（東京都公園協会）

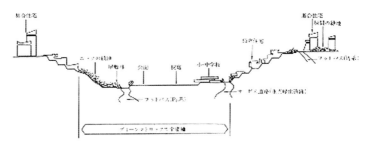

図16　グリーンマトリックス概念の一例
（『都市のグリーンマトリックス』田畑貞寿1979鹿島出版会会）

付けているように思われ、そこにはやはり$\overline{B}$につながる意識が感じ
られる［**図16**］。その背景には1960年代の公害問題を背景に、以後
「環境」への問題意識が高まる中、生態系など自然の扱いが大きな課
題となっていく時代とも対応していると考えられる。

4. オープンスペースの現在　マネジメントの時代

　公園の空間のあり方は、公園に期待される機能と当然関わる。こ
れまでのところ、遊び場としての機能は概ね不変である一方、そこ
に市区改正の時代に「衛生」、震災復興期には「防災」などが、戦後
は環境意識の高まりから「環境調節」、近年では「生物多様性保全」
そして「地域の活性化」などの役割が期待されてきた。機能がこれ
だけ転変する公共施設は珍しいが、都市公園法は基本的には構造を
変えずこれに対応してきた。ただし一方では時代に合わせて変化し
てきた側面もある。公園に許容される施設の種類について追加や変
更が行われ、また地方分権の進められた平成に入っては自治体が建
蔽率を独自に定められるようになり、民間事業者が公園内に施設を
設けることも、当初より規定されていたがより門戸を広げる方向に
制度改正が行われるなど、基本的に利用の柔軟性を増す方向に制度

が推移してきた。特に近年はこの傾向が顕著で、1999年のPFI法の制定や2003年の地方自治法の改正により、大規模施設でのPFI事業や指定管理者制度の導入などにおいて、財政難という背景も否めないものの民間の力やアイディアを公園に活かす方向へと進んできている。そして2017年の都市公園法の改正によるPark-PFIの仕組み創設は、民間業者の投資により飲食施設等を整備しその収益を公園整備に活かすもので、公園の経済性が大きく見直されることとなった。

これは公園を「管理」から「経営」するものへ捉える考え方の変化の反映とも言え、それは公園単体ではなく、エリアマネジメントの核に公園を位置付けるといった志向にもつながっている。しかし歴史を振り返れば、公園制度の成立には土地や地域の経済性を発揮させようとする地域経営の観点が関わっていた。近年の動向は、しばらく遠ざかっていたものに回帰している側面としても窺える。もちろん例えばこれまでにはなかった投資という概念が新しいPark-PFIには見込まれているなど、単に昔に戻ったわけではない。しかし一方で、施設をなるべく排して土地空間を守ることに努めてきた公園は、基本的には民間には不可能な長期的な公共の投資を行ってきたものと言える。そうした公園が、短期投資による人を呼ぶための度重なるイベントなどに疲弊して、静かに落ち着ける場所の役目が失われて良いわけではない。稼ぐ公園が増えることは良いであろうが、浅草公園の例に見たようにすべての公園がそれを目指す必要はなく、昨今の制度の展開は多様な選択肢の広がりと捉えたい［図17］。

都市と公園などとの関係については、先に触れた通り戦前の緑地思想が戦後には制度としては一時弱体化したが、1977年以降に自治体が都市計画制度の一環として緑地の基本計画を立てる「緑のマスタープラン」が開始され、1994年にはそれが「緑の基本計画」として法定計画に位置付けられようになり、2004年にはこの緑の基本計画が都市公園法の上位計画となることとなった。また2017年には都市の農地について、新都市計画法では市街化区域内では宅地化されるべきとされていたものが、都市にあるべきものへと方針転

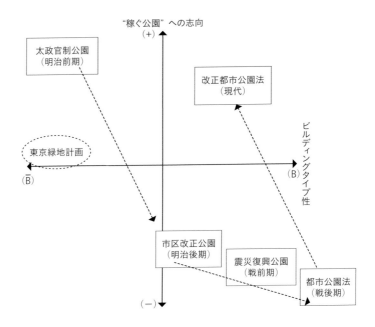

図17 日本における公園の性格の移り変わり（試案）

換が行われ、あわせて農地も緑の基本計画に位置付けられることとなった。さらには空き地を民間業者が公園的に活用することを支援する「市民緑地」認定制度が創設されるなど、空き家空き地の増加などを含めた都市の縮退が現実に向かう現代では、全体として$\overline{B}$を意識した緑地概念がかつてなく求められ、その方向に進んできているようにも思われる。また近年は米欧から「グリーンインフラ（GI）」という自然の多様な機能を活用したインフラ概念が紹介され注目されているが、これは「東京緑地計画」や「グリーンマトリックス」などの系譜に位置付けた$\overline{B}$の役割として考えることにも意義があると考えられる。

　とはいえ、「でないこと」を制度で扱うことは本質的には難しいことである。故に近代以降は「でないこと」を何かしらの「である

こと」に転換することとして進められてきた。その際にそれぞれの
「であること」がタイプ化してきたことも避けられないことであっ
た。公園という一タイプにしても、近代化の過程で、社会の生産性
向上に寄与する遊びの合理化を目指して生まれた側面があるが、本
来は効率を求める社会の中での文字通りアソビの場というところに
意義があるとも考えられ、ここに他の不動産との決定的違いがある
点は留意すべきと言える。

　その中でオープンスペースは制度的には種々のタイプの集合とな
るにしても、人々はその制度による不自由と、それを取り巻く社
会・世間のもたらす不自由と、そしてアソビ・無縁の場としての自
由、などの折り合いの中でそこを居場所としていると言うことがで
きる。本稿は制度的な内容に限られた内容となったが、制度の直接
の運用者を超えてそこを居場所とする人々とそれを取り巻く社会と
の関わりにおいてオープンスペースをみる視点がさらに求められ
る。その際に、歴史にみられる「無縁」という「でない」場の可能性
を探ることは無意味ではないだろう。加えてオープンスペースが自
然と切り離せないことを考えれば、社会や経済の変化に合わせて同
じ速度で変化することも難しくまたその必要もないわけであり、無
縁の場を流れる時間のことも考慮する必要もあると思われる。花の
下での飲食やマルシェの賑わいといった「人の集まる場所」は千年
の歴史を超えて続いているのであるから。

1＝市川秀之『広場と村落空間の民俗学』（岩田書院，2001年）
2＝網野善彦『増補無縁・公界・楽－日本中世の自由と平和』（平凡社，1987年）
3＝明治6年1月15日太政官布達第16号
4＝東京緑地計画協議会「東京緑地計画協議会決定事項集録」『公園緑地3（2-3）』（公園緑地協会，1939年）
5＝上野泰「三つの床について－造園デザインのための新たな発展のために－」『造園雑誌24（1）』（日本造園学会，1960年）
6＝田畑貞寿『都市のグリーンマトリックス』（鹿島出版会，1978年）

緑から考えるビルディングタイプ

山﨑誠子

制約は良いけど禁止はつまらない

　空き家が増え、リノベーション、コンバージョン等、新築ではなく、予算、環境の面から既存建築をなんとか利用として、結果、面白いものができている。民家を利用したカフェ、倉庫を使った図書館。じゃあ、最初からそのように作ったらいいものができるかというとそうでもない。創造の幅はいろいろ制約があると案外増えるものだ。しかし、制約ならいいのだけど、禁止はよくない。そう、公園は禁止にあふれている。だからつまらないし、使えない。滑り台、ブランコ、だけで公園が楽しいだろうか。その遊具の隙間で偶然発想する遊び、出来事が楽しいものだ。大きな声でなにか叫ぶ、道具をもってきて何か作ってしまう。テレビでみたボール競技の真似をしたい。家でペットが飼えないなら友達のペットに触りたい。外でしかできない行為、遊びがあるのに、その多くが禁止されていて、静かでおとなしい公園になってしまっている。

緑のビルディングタイプ

　住宅、図書館、幼稚園、小学校とビルディングタイプに建物の用途が分かれても、緑のありようはあまり変わらない。変化は外圧と内圧。外圧は自然環境、人工環境のことで、自然環境だと、温度、降水量、日照量、風、地形、土壌が主な要素となり、例えば温度の違いでは沖縄と北海道では使える植物が大きく違うし、潮風がある海

辺では導入できる植物の幅が非常に狭くなる。土壌が豊であれば、使える植物が多いが、やせ地やガレ地はそれに耐える植物が少ないので制約がある。また、人工環境では、人がつくり出した環境で、道路のアスファルト舗装、高層建物の影、冷房機器からの風など、植物が避けたい厄介な因子が多くある。一方、内圧は緑に接する人に関することで、手入れや、愛でる人のこと。手入れが好きな人がいれば、いろいろなタイプの緑をいれることができるし、みることが好きな人がいてくれることでも多く入れる価値がでてくる。

　どんなデザインの建物でも、木造でもコンクリートでも、在来種の緑をいれるとその地域になじむようになる。だから、建物のデザインやボリュームに悩んだら緑をいれれば良い。

　住宅、病院等、人が長く休息するビルディングタイプは屋外空間を利用したり、楽しんだりすることがありがちのため、植栽計画を頼まれることが多い。また、学校関係は周辺との調和、遮蔽、等の機能を緑に負わせ、かつ教材にも使えるから、植栽計画は必須。案外、必要されないのが、図書館で、私はこのビルディングタイプの依頼が少ない。日本の夏はむし暑く、日差しが強いので、蚊等の昆虫も沢山発生することから屋外で本を楽しむことは苦痛でしかなく、また、冬は寒すぎでこれも読書には不向き。室内で静かにするほうがいいのため、屋外の緑地空間は必要とされないため、建物のデザイン向上にポイントで緑地をつくるタイプになることが多い。

　日本は先進国の中では大変緑が豊な方で、どんなビルディングタイプでも緑をいれることが日本のビルディングタイプとしては大事である。

ビルディングタイプと社会の変容
第2巻に向けて

髙宮知数

はじめに：用途という曲者

> ビルディングタイプとは、建物の種類である。（中略）図書館や
> オフィスという風に、どのような用途なのかを軸にして分けた
> ものを意味している（本著第1章「ビルディングタイプ」の冒頭より）。

　建築の専門用語、例えばラーメン構造や鋼構造、下地材、CLTなどが
頻出する構造や材料の分野に比べれば、多くの人にとっつきやすく、
日常会話にも登場する図書館やオフィスなどの「用途」という切り口
が軸となるビルディングタイプは「刊行にあたって」の冒頭にもある
ようにまさに「社会デザインと空間デザイン両方の視点から」考えた
り、建築を専門的に学ばない我々が建築を考えるときに適した入り口
になるだろう。
　ただし、一方で、純粋に建築の工学的領域で完結しないことから、
ときとして普段の認識や感覚とはズレがあり混乱や課題も生じる。こ
こではまずその一端を劇場・ホールを例に少し紹介したいと思う。

1. 公共ホールに見る用途
——法令と実態の狭間で

　「東京文化会館」「東京芸術劇場」「世田谷パブリックシアター」。こ
れらは、「会館」「劇場」「シアター」などと名称は様々だがいずれも演
劇上演やコンサートを主な用途とし、一般的には公共ホールと呼ばれ
る。つまり、これらは、劇場・ホールというビルディングタイプに分
類されるはずである。
　ところで、第2章で紹介された、様々なビルディングタイプを記載し
た「コンパクト建築設計資料集成」を見ていくと、セクション7「交流」
に「藤沢市湘南台文化センター」「さわやかちば県民プラザ」が「風の
丘葬斎場」などとともに、そしてセクション12「芸能」に「ビッグハー
ト出雲」「彩の国さいたま芸術劇場」とつまり別のビルディングタイプ

として記載されている。これはいったいどういうことだろうか。

　結論から言えば、多くの人が公共ホールと思っている施設は、「集会場」と「劇場」に分かれる。それには、建築基準法、興行場法、消防条例といった法令と、それらに至った近代日本の劇場・ホールの歴史が大きく関わっている。正確な記述をするには紙面を要するのと、次巻で大きく劇場・ホールを取り上げる予定であることから、ここではいささか粗略ながら概要を述べる。

　まず、建築基準法においても、「08530 劇場、映画館又は演芸場＊興行場法の対象施設」、「08550 公会堂又は集会場」と大

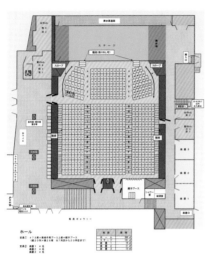

さわやかちば県民プラザホール平面図・内観

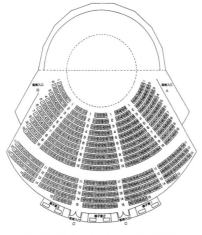

藤沢市湘南台文化センターホール内観・平面図

きく2つに区分されている（〔建築基準法施行規則 別記様式〕平成30.4.1改訂版）。つまり、興行場法に規定される劇場などに該当するホールと、そうではない公会堂や集会場に該当するホールとが、同じ公共ホールの中にもあるわけだ。

　ちなみに興行場法は、興行場（映画、演劇、音楽、スポーツ、演芸又は観せ物を、公衆に見せ、又は聞かせる施設）に対して、公衆衛生上必要な基準に適合しているかどうかについて、を定めた法律（昭和23年7月制定施行）である。戦後間もない時期、おそらく安全や衛生面で問題を抱え、火災や感染症なども多数発生していたであろう劇場や映画館に対しての取締りを主な目的としたことが想像される。歴史的にも近代化以前、江戸期の劇場空間は、「暗い、汚い、臭い」の3Kであったことや客席にはトイレがないか男性の小用の桶が置いてあり悪臭と不衛生の原因だったことなど、「実際、江戸から明治初期にかけての芝居小屋の空気の悪さは格別だった。……（中略）江戸三座のような名所絵にも描かれる劇場でも、その客席の汚さ、埃の物凄さ、様々な悪臭、空調の悪さ等はよく語られる。」と神山繁は『近代演劇の水脈』に当時の史料を交えながら書いている。明治維新以降、欧米を範にした近代的な劇場空間が誕生していくが、それらは東京や大

阪、京都のような大都市の巨大興業資本による帝国劇場や歌舞伎座などの大劇場に限られた。各地の多くの劇場は、江戸期の芝居小屋同様にそれほど安全衛生面が整わないままの、避難通路もなければ、水洗トイレもない、喫煙もし放題であったことは想像に難くないし、おそらく戦後の混乱期、再び問題になる状態の中で興行場法の法制化が行われたのも想像がつく。

　一方で、国立劇場の開設が一向に進まない中で、自由民権運動、普通選挙権運動等を背景に講演会、集会などを主想定してつくられた各地の公会堂や大学の講堂が同時に西洋音楽のコンサート会場や演劇上演の場として活用され、戦後の地方公共団体の公会堂から文化会館への流れとなった。

　例えば新藤浩伸『公会堂と民衆の近代』によれば、1929年開館の日比谷公会堂では、開館から30年間に交響楽演奏会1287回を筆頭に多数の音楽演奏会が開催されたという。1927年完成の早稲田大学大隈講堂に至っては、その後の劇場音響の草分けでもある佐藤武夫助教授（当時）によると、そもそも設計時点で、当時の高田早苗早大総長から、「ワセダの大講堂は演劇にも使えるものであってほしい。幸い坪内サン（坪内逍遙先生）も居ることだから、よく意見を聞いてもらいたい」というご注意が出たことを覚えている」（「早稲田学報第13巻」より原文ママ）。そして実際に設計を進めるにあたって坪内逍遙にも度々教えを乞うたとも。

　このように、歴史的に近代日本の劇場・ホールは大きく2つの流れをもつ、すなわち江戸期の芝居小屋をひとつの源流にもちながらも西洋の演劇舞踊を上演するためにつくられた民間の劇場＝興業場法の対象。もう一つが公会堂の流れを受けてつくられた1953年愛媛県民会館、1961年東京文化会館等の公共ホール＝集会場の範疇である。さらに、この公会堂、集会場をルーツとする公共ホールを建設する根拠となる法令は地方自治法第244条「普通地方公共団体は、住民の福祉を増進する目的をもってその利用に供するための施設（これを公の施設という）を設けるものとする」であり、具体的な劇場・ホールの用途機

ビルディングタイプと社会の変容

241

能は一切規定されないことも問題を複雑にしている。

　比較として、同じ文化系の公共施設である図書館や博物館と比較するとその違いがよく分かる。図書館は建築基準法では08140、博物館は08150に分類されており、設計資料集成でもセクション10図書、セクション11展示に記載されている。地方公共団体が図書館や博物館を設置することができる法的根拠はそれぞれ図書館法と博物館法であり、そこには具体的な機能や用途として例えば図書館であれば、「図書、記録その他必要な資料の収集、整理し、保存」、「図書館資料の分類排列及びその目録整備」、「読書会、研究会、鑑賞会、映写会、資料展示会等を主催し、及びこれらの開催を奨励」、「時事に関する情報及び参考資料紹介及び提供」などが規定されており、当然そのために必要な諸室を建設することが求められる（なお、いわゆる劇場法と呼ばれる法律が存在するが、正確には「劇場・音楽堂の活性化に関する法律」であり、公の施設として建設された中で劇場・音楽堂としての利活用する場合についての法律であって、図書館法等のように建設にあたっての根拠となり必要な機能要件を提示したものではなく、それも平成24年に施行されたわずか10年足らずの法律である）。

　ちなみに私が関わった、久留米シティプラザ・ザ・グランドホールも、オープニングにウィーンフィル公演で訪れたズービン・メータ夫妻が海外のホールに匹敵する素敵なコンサートホールと賞賛してくれたが、法令上は地方自治法の「公の施設」を根拠として建設され、「集会場」として建築確認申請された施設である。

　長くなったが、要は一般的な認識や純粋建築上のビルディングタイプとしての劇場やホールとときとして合致しないことの背景には、歴史的な経緯とその中で制定された法令があることが分かってもらえたであろうか。

2. 柔軟な解釈か法令改正の怠慢か
──都市公園の建物群

　都市公園においても、興味深い事例が見られる。先に具体的な施設

を紹介しよう。まず、千葉市が所管する稲毛海浜公園にある「THE SURF OCEAN TERRACE（ザ・サーフ オーシャンテラス）」。運営者のホームページの「ウエディング」には施設紹介として、「ホール（結婚式場）」、「バンケット」、「付帯施設（レストラン、エントランス、ラウンジ等）」が並ぶ。一方で公園の所管である千葉市の平成28年2月18日付記者発表公表資料の施設紹介では、ホールは「ホール（イベント・展示ホール）」、バンケットは「バンケット（集会場施設）」とされていたが、今回運営者に問い合わせたところ、「市の公式発表情報として、『施設の位置づけ』は以下となります。1.教会堂＝都市公園法（第2条施行令第5条）上の教養施設のうち野外音楽堂　2.披露宴会場＝都市公園法のその他施設のうち集会場　3.レストラン棟＝都市公園法上の便益施設のうち飲食店」との回答を得た。記者発表時の「ホール」が「教会堂」となり、一般的な見え方は教会堂というビルディングタイプだが、都市公園法上の教養施設のうちの野外音楽堂、ということになったようである。

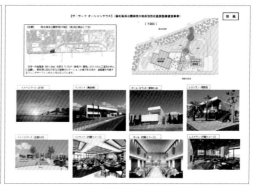

「千葉市記者発表資料」

　もうひとつ、東京都立葛西臨海・海浜公園内に立地するホテルシーサイド江戸川。じゃらんなどの予約サイトに行くと東京ディズニーリゾート至便な宿などとアピールされているが、区立施設としての設置条例上は「江戸川区を訪れた者がその特色を十分満喫するとともに、区民の健康で文化的な生活に寄与することを目的に設置」（江戸川区立

ホテルシーサイド江戸川条例第2条）と規定されている。また同区による指定管理者の管理運営基準中のわずか3項目しかない利用者サービスに関する業務基準には、飲食や飲・食物販の提供と並んで「ブライダル・各種宴会等の企画及び誘致事業」が大きく要求されている。つまり建築設置上は、あくまで都市公園法の便益施設として、"江戸川区の特色を十分満喫することに寄与するための"施設であるはずのものが、お隣浦安市の営利遊園地の宿泊至便な宿やブライダル施設として宣伝される自体になっている。

　これについても公共ホール同様、細かい説明は省略するが、そもそも都市公園法で公園内に設置が許可される建物は規定されていて、「都市公園の利用者の利便の向上を図る上で 特に有効であると認められるもの」に限定されている。従って最近の法改正によって民間による施設設置や事業を積極的に誘致することになっても、この規定を満たすことが前提となる。千葉市の場合には、「教養施設」の規定を援用して、教会堂や披露宴会場等の建築を許容したものであり江戸川区の場合は「便益施設」（立地する葛西臨海・海浜公園利用者の利便の向上）であるとして宿泊施設を建設したのである。もしこれを教会堂や浦安市のディズニーランド利用者に至便なホテル、ということであれば、おそらく許可されないだろう。このような、建設時の法令根拠やその解釈、指定管理時の要求内容、受託事業者の消費者への宣伝など、そして最後に一般市民の認識の間の微妙なずらし方の巧みさ、これらを法令の柔軟な解釈による現場の工夫と見るのか、現状に合わない改正すべき法令が放置されている状態と見るかはここでは問わないが、公共ホール同様、一般の用途によるビルディングタイプ区分とはだいぶ異なることは間違いないだろう。

・

　長くなったが、ここで取り上げた、ホールや結婚式場などの「用途」は一般人にも分かりやすいと同時に、それらはまさに社会の変化、歴史的経緯や法制度、そして人々の生活様式の変化や利用の仕方に影響されて変わっていく。このため、普段建築を専門としない人が何かの

きっかけで建築と向き合う時、上手く対話ができないもどかしさを感じることが起きる。私自身建築を専門に学ばなかったにもかかわらず、劇場や博覧会、テーマパーク、シェアオフィス、ゲストハウスなどのプロジェクトに関わる中で違和感を覚えることがしばしばあった。なぜ使う側にとってこんな大事なことが設計者に旨く伝わらないのだろうか、どうしてそんな時代遅れの意味のない規制でせっかくのアイデアが実現できないのだろうか、などなど。今回この本の元となる講座や研究会、さらには編集会議や第2章のインタビューなどを通じて、ビルディングタイプを軸に改めて考える中で、その違和感の源が少しではあるが理解できるとともに、それらは、歴史や習慣や市場性といったまさに社会デザインの領域と深く関わっていることを実感した。それだけに、そして「用途」を入り口にしながらも、第2章で紹介されている「建築設計資料集成」セクション3に書かれている行為や場面に落とし込んだやり取りこそが、私と同様に一般の人が建築に関わるときに有益であることを感じた。

　また、ビルディングタイプの近代化により増加した公共施設のビルディングタイプの多くは、図書館法や博物館法に見られるように、どのような機能をもつか具体的に規定される根拠法をもつことが多い。普段から建築と取り組む専門家にとっては、時代や社会の変化を受けて新しい発想で空間を生み出そうという意欲がある場合には、その規定を満たせば、それ以外は自由な設計を提案し、採択する機会を生み出しやすい。一方で、公共ホールや広場のように、設置にあたっての具体的な規定がある根拠法を持たない場合、むしろ従来と異なる提案をするには相当な勇気や覚悟が必要となる。そして、そのような提案を採択する機会を増やすためにこそ、専門家と一般市民の、あるいは空間デザインと社会デザインの対話の契機があるのではないだろうか。

横浜専門店会外観

若葉町WHARF外観

3. ビルディングタイプを超えて
——用途の変容
<small>コンバージョン</small>

　用途によって分類された各ビルディングタイプは、時代とともに新しい技術や素材も取り入れながら、機能を高度化・高性能化し、デザインを洗練し続けてきた。

　ところがここに、コンバージョンと呼ばれる当初の用途を変更した建物があり、国内でも1980年代以降増加しつつある。もちろん、かつての宮殿を美術館にしたルーブルのように、近代化以前の（ある意味近代的な機能性能をもっていない）空間の活用も古くから多数あるが、近代化以降の様々なビルディングタイプもまた、そのタイプ≒用途を超えて再利用されている。例えばかつての1900年パリ万博に合わせて開業したパリ・オルセー駅は1986年に美術館に、1947年〜1963年に建設されたロンドン・バンクサイド発電所はテートモダンに。国内でも、1933年開校した京都市・清水小学校は2020年ザ・ホテル青龍京都清水に、1968年建設の大阪市の商社オフィスビルは2004年賃貸集合住宅鎗屋アパートメントに、50年以上前に横浜若葉町に誕生した地域の

金融機関横浜専門店会のビルは2017年劇場・稽古場・ゲストハウス
で構成されるアーツセンター・若葉町WHARFに生まれ変わった。

　旧北海道拓殖銀行小樽支店に至っては、1989年〜1994年小樽ホテ
ル、1995年〜2001年ペテルプルグ美術館、2002年〜にホテル1-2-3小
樽（その後、ホテル・ヴィブラント・オタルに改名）を経て2020年から似鳥
美術館に転用されている。

　コンバージョンされた建物は、ビルディングタイプとしては、どう
なるのだろう。自体が変更されたと言うべきなのか、それともリノ
ベーションという（ビルディング）タイプと見るべきなのか。また、これ
までのところは年代的に1950〜60年代までの事例が多いようだが、
今後はそれ以降建設されたある単一の用途においてより高機能高性能
化した建物のコンバージョンも増加するのであろうか。それとも単一
機能性能の高度化がかえってコンバージョンを難しくするのだろう
か。今後1980－90年代の建物がどのようにコンバージョンされてい
くのか。果たして、ある用途にとって、本当に求められる空間デザイ
ンとは何だろうか、それらは、従来の設計要求に合った機能性能項目
が満たされればより良いといってよいのだろうか。この辺りについて
は、第2巻の議論を持ちたい。

4. ビルディングタイプ集合体≠都市機能
——即興性、可塑性

　ある社会や時代が必要とする諸機能に応えるために、必要なビル
ディングタイプがつくられ、それらが構成して都市を成すのはその通
りだが、一方でその機能の集合体だけが都市の機能ではなく、それを
超えて生み出されるものがある。

　最近ようやく翻訳が出たB.Elliott『Benjamin for Architects』はまず
W.ベンヤミン「ナポリ」を取り上げる。終生、都市とそのモダニティ
を飽くことなく追い求めたベンヤミンのパリ時代に先駆けた、当時の
恋人だったアーシャ・ラティスとの共著とされるこの1924年の小品

は、その後のパリに関する膨大な「パッサージュ論」が、どこかに独歩者の哀愁を帯びているのに比べて明るさや快活さを感じさせるものだ。そこでベンヤミンは、引き回しの刑にあう僧侶、婚礼の行列、詐欺師、娼婦、警察、子ども達、貧乏人、乞食、長期療養者、隠遁者、漁師、道端の絵描き、大道芸人、と次々とナポリの街なかで出会う様々な登場人物を魅力的に紹介しながら、そのセットであるナポリという街の魅力を、海岸沿いの自然の洞窟とそれを利用した酒場や貸しアパートのある岩に例えながら「多孔性」、「即興性」であると看破する。

　こうした岩のように多孔質なのが建築だ。中庭、アーケード、そして階段において、建物と行動が入り交じっている。全体としては自由な空間が保たれており、それによって、これまでに見られなかったような新しい布置を示す舞台が可能になる。確定したもの、刻印されたものは避けられる……（中略）
　多孔性は、南国の職人の怠惰においてだけでなく、とりわけ即興への情熱においても見られる。即興には空間と機会とがどのような場合にも保たれていなければならない。建物を住民は舞台として利用する。その全体は、いっせいに生き生きとした無数の演劇平面に分かれる。バルコニー、玄関のホール、窓、門道、階段、屋根は、舞台であると同時に桟敷でもある。もっとも惨めな人間であろうとも、次のことをぼんやりと二重写しに知ることによって、至上の存在なのだ。つまり、どのように腐敗していようとも、ナポリの街の決して回帰することのない肖像のひとつに係わっていること。そして貧しさの中で暇を楽しみ、大いなるパノラマを追いかけること。
　（訳文は晶文社ベンヤミン著作集11『都市の肖像』より）

　Elliottはベンヤミンの1920年代のベンヤミン作品に見い出した多孔性から即興性、演劇性の話に続けて、近代建築における機能主義を語る有名なフレーズ"machines à habiter──住宅は住むための機械で

ある"で知られるコルビジェが1920年代には既に地域対応の許容と市民参画に転じていたことを紹介していく。

　　ここにおいて多孔性の2つの側面が明らかとなる。すなわち即興性と演劇性である。これら両面は、1920年代以降の建築の発展の鍵を想起させる。標準化と均質的なデザインを予言した近代建築と都市は、早い時期に、その地域独自の改変や人々の参画という問題に直面した。例えばル・コルビュジエの場合、1920年代後半には、可動式の部屋の間仕切りなどの発明を通じて、住宅の内装の部分的な再構成を既に許容していた。
　　（訳文はブライアン・エリオット『思想家と建築 ベンヤミン』2020年、丸善出版）

　さらにElliottは、M.タフーリとF.ダル・コの著作を引用し、ル・コルビュジエがサンパウロ、リオデジャエネイロなどの計画において導入し始めた「モンタージュ」手法が公衆自身の積極的な関与であることに言及している。

　　モンタージュは、この地域スケールで考えられた固定構造物内での個々の要素のプログラム化を前提としている。……（中略）機械が、それ自体では何の価値もヒエラルキーも創出せず、対立を生産する価値創出システムの道具でしかないように、その都市もまた「完璧に生成しつつある」ものであって、それを利用する公衆の積極的参加が期待されている。というのも……（中略）公衆が都市の建設とその主役になることを可能ならしめるからである。
　　（訳文はM.タフーリとF.ダル・コ『近代建築』中「第9章巨匠たちの役割第1節ル・コルビジェと形態の詩学」161p、本の友社）

　近代の建築や都市、あるいは公園や広場が、既に100年前から、物理的にも制度的にもスタティックな機能だけでなく、地域性や市民参画

による多彩で豊かな表情や可塑性を隠しもっていること、ル・コルビュジエの時代、ブループリントの手書き図面、その線の内部には、いくらハイビジョンが10億色、4K、8Kになり、VRやARになろうとも敵わない、多孔性や即興性、あるいは運動性や身体性が秘められていたこと、そこから、タクティカル・アーバニズムやプレイス・メイキングに象徴される現代の都市計画まで一跨ぎでしかないことに気付かされる。

　これもまた、都市計画や建築設計の企図する用途や機能と、市民の積極的な参画という点で、空間デザインと社会デザインの交点と言えるだろう。

5. 21.5世紀のビルディングタイプへ

　昨年京都で開催された国際博物館会議（ICOM）で議論の末に継続協議になったものの、用意されていた新しい博物館の定義は、次のようなものであった。

> 博物館は、過去と未来についての批判的な対話のための、民主化を促す、包摂的で様々な声に耳を傾ける空間である。博物館は、現在の紛争や課題を認め、それらに取り組みながら、社会から託された制作物や標本を保存し、未来の世代のために多様な記憶を守り、すべての人々に遺産に対する平等な権利と平等な利用を保証する。博物館は、営利を目的としない。博物館は、開かれた透明性のある存在であり、人間の尊厳と社会正義、全世界の平等と地球全体の幸福に寄与することを目的とする。そのために、多様なコミュニティと積極的に連携しながら、収集、保存、研究、解明、展示を行ない、世界についての理解を向上させるための活動を行なう。

　ちなみに、現在のICOMの博物館の定義は2007年に制定された、「博物館とは、社会とその発展に貢献するため、有形、無形の人類の遺産とその環境を、教育、研究、楽しみを目的として収集、保存、調査研

究、普及、展示する、公衆に開かれた非営利の常設機関」である。日本の博物館法では「歴史、芸術、民俗、産業、自然科学等に関する資料を収集し、保管（育成を含む。以下同じ）し、展示して教育的配慮の下に一般公衆の利用に供し、その教養、調査研究、レクリエーション等に資するために必要な事業を行い、あわせてこれらの資料に関する調査研究をすることを目的とする機関（社会教育法による公民館及び図書館法（昭和25年法律第118号）による図書館を除く）のうち、地方公共団体、民法（明治29年法律第89号）第34条の法人、宗教法人又は政令で定めるその他の法人が設置するもので第2章の規定による登録を受けたものをいう」とされている。これらに比べると、大きな変化である。

批判的な対話、民主化、現在の紛争や課題を認める、多様な記憶を守る、人間の尊厳、社会正義、全世界の平等と地球全体の幸福……。

もちろん今回の定義案は、突然出てきたものではない。2001年に策定されたミレニアム開発目標（MDGs）、や同年の第3回「人種主義、人種差別、排外主義および関連する不寛容に反対する世界会議」（通称ダーバン会議）での旧宗主国の植民地支配責任追及や謝罪補償要求、2005年ユネスコ総会において採択された文化多様性条約（文化的表現の多様性の保護及び促進に関する条約）などの流れを受けたものである。

博物館の定義が変更され、法令にも反映されれば、博物館というビルディングタイプに求められる用途や機能も大きく変化することになり、その意味で本章で取り上げた劇場や広場を始め様々なビルディングタイプを法令上でどのような定義にしていくのかはまさに社会デザインと空間デザインの重要な交点と考える。MDG'sの後継であるSDG'sもゴールまであと10年、2030年までの達成目標である。建築や都市計画のタイムスケールを踏まえると、SDG'sのその先、少なくとも30年後の2050年（21.5世紀！）を射程に入れた取り組みが必要だろう。

第2巻で具体的に何を取り上げていくかは、まだ編集メンバーでも議論中ではあるが、第1巻での過去から現在までのビルディングタイプの総括を踏まえて、大きくは21.5世紀のビルディングタイプを考えることになるだろう。

執筆者紹介

中村陽一
1957年生まれ。立教大学大学院21世紀社会デザイン研究科教授、社会デザイン研究所所長。一橋大学社会学部卒業後、編集者等を経て消費社会研究センター代表。東京大学社会情報研究所客員助教授、都留文科大学文学部教授を経て現職。日本NPO学会発起人・元理事、社会デザイン学会副会長。
80年代半ばより現場と往復しつつ市民活動・NPO／NGOの実践的研究、基盤整備、政策提言に取り組む。ソーシャルビジネス・ネットワーク常任顧問などSB/CBを推進。東京芸術劇場運営委員、「座・高円寺」劇場創造アカデミー講師。ニッポン放送『おしゃべりラボ～しあわせSocial Design』パーソナリティ。『日本のNPO／2000』（日本評論社）、『ひとびとの精神史6』（岩波書店）、『3・11後の建築と社会デザイン』（平凡社新書）、『クリエイティブ・コミュニティ・デザイン』（フィルムアート社）等編著・共著多数。
―

髙宮知数
1959年生まれ。プロジェクトデザイナー／マーケティングプロデューサー。
立教大学 社会デザイン研究所 研究員、立教大学 21世紀社会デザイン研究科 兼任講師、東日本国際大学 地域振興戦略研究所 客員教授。
座・高円寺 劇場創造アカデミー 講師。株式会社 ファイブ・ミニッツ 代表。
1981年早稲田大学政治経済学部政治学科卒業。2007年立教大学21世紀社会デザイン研究科修士課程修了。近著に『街直し屋』（古谷誠章他共著，誠文堂新光社，2017年）。
―

五十嵐太郎
1967年生まれ。建築史・建築批評家。1992年東京大学大学院修士課程修了。博士（工学）。現在、東北大学大学院教授。
あいちトリエンナーレ2013芸術監督、第11回ヴェネチア・ビエンナーレ建築展日本館コミッショナーを務める。
「インポッシブル・アーキテクチャー」などの展覧会を監修。
第64回芸術選奨文部科学大臣新人賞。『モダニズム崩壊後の建築－1968年以降の転回と思想－』（青土社）ほか著書多数。
―

槻橋修
1968年富山県生まれ。1991年京都大学建築学科卒業。1998年東京大学大学院建築学専攻博士課程退学。同年、東京大学生産技術研究所助手。2002年ティーハウス建築設計事務所設立。2003年～2009年東北工業大学建築学科講師。2009年神戸大学大学院准教授。2017年より神戸大学減災デザインセンター副センター長。博士（工学）。主な作品：「神戸市立北神図書館」（2019年,神戸市）、「南町田グランベリーパーク」ランドスケープデザイン（2019年、東京都町田市）著作『文化の居場所の作り方-久留米シティプラザからの地方創生」（監修、誠文堂新光社、2017年）、2009年日本建築学会教育賞（教育貢献）共同受賞。2014年東日本大震災復興支援「失われた街」模型復元プロジェクトが第40回放送文化基金賞受賞（NHK盛岡放送局と共同受賞）。2015年日本建築学会賞（業績）共同受賞。
―

仲隆介
1957年大分県生まれ。京都工芸繊維大学大学院工芸科学研究科デザイン経営工学部門教授
1983年東京理科大学大学院修士課程修了。1983年PALインターナショナル一級建築士事務所。1984年東京理科大学工学部助手。1994年マサチューセッツ工科大学建築学部客員研究員（フルブライター）。1997年宮城大学事業構想学部デザイン情報学科専任講師。1998年同大学助教授。2002年博士（学術）

（京都工芸繊維大学）。2002年京都工芸繊維大学デザイン経営工学科助教授。2007年同大学教授。
情情報社会における建築・都市をテーマに様々な活動と研究を行う。最近は特に情報時代のワークプレイスに力を注いでおり、企業や協会と共同で次世代のワークプレイスを模索する活動を展開している。新世代クリエイティブシティ研究センターセンター長（2018年まで）、日経ニューオフィス賞審査委員、長崎新県庁舎アドバイザー、兵庫県庁舎アドバイザーなどを務める。著書（共著）に「オフィスの夢」（彰国社）、「変化するオフィス」（丸善）、「着るオフィス」（中央公論新社）、「Post Office（TOTO出版）」、「知識創造のワークスタイル」（東洋経済新報社）などがある。
—

大川信行

1968年生まれ。東風意匠計画共同主宰。千葉大学客員准教授。
1991年千葉大学卒業。1994年東京大学大学院修士課程修了
大成建設設計本部を経て現在に至る。主著に『ビルディングタイプの解剖学』（五十嵐太郎との共著）。
—

桂英史

1959年長崎県生まれ。東京藝術大学大学院映像研究科教授。専門はメディア研究、芸術実践論、図書館情報学。せんだいメディアテーク（仙台市）やメディアセブン（川口市）など、国内外で新しい公共文化施設のプランニングに携わる。主な著作として『インタラクティヴ・マインド』『図書館建築の図像学』『東京ディズニーランドの神話学』『人間交際術｜コミュニティ・デザインのための情報学入門』『せんだいメディアテーク コンセプトブック』（共編著）など。最新刊に『表現のエチカ｜芸術の社会的実践を考えるために』（青弓社・2020年）がある。藝大大学院映像研究科が主催するノンディグリープログラム「geidaiRAM2」のプロデューサーを務める。
—

小野良平

1962年生まれ。博士（農学）。立教大学観光学部教授。
1986年東京大学卒業。1989年東京大学大学院博士課程修了。
株式会社日建設計土木設計部、東京大学大学院農学生命科学研究科教員を経て現在に至る。
主著に『公園の誕生』（吉川弘文館）、『森林風景計画学』（共著、地球社）など。
—

柿木佑介

1986年生まれ。PERSIMMON HILLS architects共同主宰。2008年関西大学卒業。MOUNT FUJI ARCHITECTS STUDIOを経て現在に至る。
—

廣岡周平

1985年生まれ。PERSIMMON HILLS architects共同主宰。横浜国立大学大学院Y-GSA設計助手。
2008年関西大学、2010年横浜国立大学大学院Y-GSA卒業。SUEP.、大成建設設計部を経て現在に至る。
—

坂口大洋

仙台高等専門学校教授。東北大学大学院助教を経て現職。専門は建築計画・地域計画。主に文化施設を中心とした公共施設の計画・設計・調査研究などを行う。震災発生後は日本建築学会、文化庁、公立文化施設協議会などの被災・復興支援などの調査に関わる。
—

佐藤慎也

日本大学理工学部建築学科教授。専門は美術館、劇場・ホールなど芸術文化施設の建築計画。アート

プロジェクト、美術、演劇制作にも参加。主な作品・活動に「3331 Arts Chiyoda」(2010)、「八戸市新美術館」建設アドバイザー（2021開館予定）など。

西澤徹夫
1974年生まれ。建築家。西澤徹夫建築事務所主宰。2000年〜2005年 青木淳建築計画事務所、《東京国立近代美術館所蔵品ギャラリーリニューアル》(2012)、「京都市美術館再整備事業基本設計・実施設計監修」(2015年〜共同設計＝青木淳建築計画事務所)、「八戸市新美術館設計案」(2017年〜共同設計＝浅子佳英）ほか。
—

馬場正尊
オープン・エー代表取締役／建築家／東北芸術工科大学教授。1968年佐賀県生まれ。1994年早稲田大学大学院建築学科修了。博報堂、早稲田大学博士課程、雑誌『A』編集長を経て、2003年オープン・エーを設立。東京R不動産やCET (Central East Tokyo) のディレクターなども務め、建築設計を基軸に、メディアや不動産などを横断し活動。
—

坂東幸輔
京都市立芸術大学准教授／坂東幸輔建築設計事務所主宰／A Nomad Sub株式会社代表取締役。1979年徳島県生まれ。2002年東京藝術大学美術学部建築科卒業。2008年ハーバード大学大学院デザインスクール修了。2010年坂東幸輔建築設計事務所設立。2015年京都市立芸術大学講師、京都工芸繊維大学非常勤講師。2018年A Nomad Sub株式会社設立。2020年京都市立芸術大学准教授。
—

山﨑誠子
ランドスケープデザイナー。日本大学短期大学部建築・生活デザイン学科准教授、(有)GAヤマザキ取締役、一級建築士。東京都目黒区生まれ。武蔵工業大学（現東京都市大学）工学部建築学科卒業後、東京農業大学造園学科聴講生として2年間在籍。株式会社花匠を経て、1992年GAヤマザキを設立。プランターから街づくりまで、緑を中心にしたデザイン・計画を行う。港区景観審議会委員、市川市景観審議会委員、新潟市文化財保護審議会委員他。
—

土岐文乃
1983年青森県生まれ。2012年筑波大学大学院博士課程修了。博士（デザイン学）。
2012年〜2020年東北大学大学院工学研究科助教を経て現在に至る。
—

渡邉航介
1996年東京生まれ。2019年東北大学卒業。
2021年東北大学大学院修士課程修了予定。
—

山口智子
1996年神奈川生まれ。2019年東海大学卒業。
2021年東北大学大学院修士課程修了予定。
—

菊地尊也
1986年生まれ。2009年東北大学卒業。2013年東北大学大学院修士課程修了
現在東北大学大学院博士課程在籍。建築表現論、展示研究。

参考文献

- 神山繁『近代演劇の水脈―歌舞伎と新劇の間』(森話社, 2009 年)
- 新藤浩伸『公会堂と民衆の近代：歴史が演出された舞台空間』(東京大学出版会, 2014 年)
- 佐藤武夫「大隈講堂の出来る頃」『早稲田学報第 13 巻』(早稲田大学校友会, 1959 年)
- ブライアン・エリオット『思想家と建築 ベンヤミン』(末包伸吾訳, 丸善出版, 2020 年)［原著：B.Elliott『Benjamin for Architects』(Routledge, 2010 年)］
- ヴァルター・ベンヤミン, アーシャ・ラティス「ナポリ」『ベンヤミン著作集 11 都市の肖像』(丘澤静也訳, 晶文社, 1975 年)［原著：Benjamin, Walter and Lacis,Asja.「Neapel」(1924)『Walter Benjamin WERKE Band11』(Suhrkamp Verlag,1975 年)］
- マンフレッド・タフーリ, フランチェスコ・ダル・コ『図説世界建築史 (15) 近代建築〈1〉』(片木篤訳, 本の友社, 2002年)［原著：Manfredo Tafuri, Francesco Dal Co『 Modern Architecture / 1 (History of World Architecture)』(Rizzoli , 1986 年)］
- 市川秀之『広場と村落空間の民俗学』(岩田書院, 2001 年)
- 網野善彦『増補無縁・公界・楽 – 日本中世の自由と平和』(平凡社, 1987 年)
- 大石学『吉宗と享保の改革』(東京堂出版, 1995 年)
- 石川幹子『都市と緑地』(岩波書店, 2001 年)
- 真田順子『都市の緑はどうあるべきか』(技報堂, 2007 年)
- 建築学大系 30, 建築学大系編集委員会編, 彰国社
- オフィス辞典, オフィス辞典編集委員会, 産業調査会出版部
- 高度情報化時代のオフィス環境, 沖塩荘一郎, 日経 BP
- 変化するオフィス, 沖塩荘一郎, 吉田邦彦, 仲隆介, 丸善株式会社
- 職業性ストレスとワーク・エンゲイジメント, 島津明人, ストレス科学研究, No. 25
- 知的創造のワークスタイル, 次世代オフィスシナリオ委員会, 東洋経済
- 知識創造企業, 野中郁次郎, 竹内弘高, 東洋経済新報社
- 知識創造の現場, トーマス・J・アレン, グンター・W・ベン, ダイヤモンド社
- 場のマネジメント：経営の新パラダイム, 伊丹敬之, NTT 出版
- 構想力の方法論 ビッグピクチャーを描け, 野中郁次郎, 紺野登 日経 BP 社
- イノベーターになる 人と組織を「革新者」にする方法, 紺野登, 西口尚宏 日本経済新聞出版社
- NEW WORKSCAPE 仕事を変えるオフィスのデザイン, 岸本章弘, 弘文堂
- WISEPLACE INNOVATION 目的工学によるイノベーション実践手法 未来を共創する「賢い場」のデザイン, FCAJ, 目的工学研究所, 翔泳社
- ビジネススクールでは学べない世界最先端の経営学, 入山章栄, 日経 BP
- W・チャン・キム＆レネ・モボルニュ『ブルー・オーシャン戦略』(入山章栄訳、ランダムハウス講談社、2005 年 [のち 2015 年にダイヤモンド社より新版])
- 木下斉『地方創生大全』東洋経済新報社, 2016 年
- アンドリュー・シー『グラフィックデザインで世界を変える』(北村陽子訳、BNN、2013 年)
- 河北秀也『河北秀也のデザイン原論』新曜社、1989 年

編　集　松原菜美子（立教大学　社会デザイン研究所教育研究コーディネーター）
　　　　中村真弓（KAIGAN）
　　　　宇山英樹（Goldblend）
デザインマツダオフィス
校　正　高村明美
　　　　藤生新

新しい空間と社会のデザインがわかる
ビルディングタイプ学 入門

2020 年 5 月 26 日発行　　　　　　　　　　　　　　　　NDC529

編著者　中村陽一　髙宮知数　五十嵐太郎　槻橋 修
発行者　小川雄一
発行所　株式会社 誠文堂新光社
　　　　〒 113-0033 東京都文京区本郷 3-3-11
　　　　（編集）電話 03-5800-5776
　　　　（販売）電話 03-5800-5780
　　　　https://www.seibundo-shinkosha.net/

印刷・製本　図書印刷 株式会社